I0838973

Libero Concas

Breve storia della
SARDEGNA

Libero Concas

Breve storia della
SARDEGNA

Il mare. Bisogna cercare di immaginarlo, di vederlo con gli occhi di un uomo del passato: come un limite, una barriera che si estende fino all'orizzonte, come una immensità ossessiva, onnipresente, meravigliosa, enigmatica.
Fernand Braudel - Il Mediterraneo – traduzione di Elena De Angeli – Saggi tascabili Bompiani – 1987 – 1992

INTRODUZIONE

Un accenno alla storia della Sardegna: seimila anni che hanno visto l'arrivo di popolazioni che si sono sovrapposte agli abitatori isolani con i quali nel tempo hanno instaurato rapporti commerciali o di sfruttamento coloniale. La ricerca dell'ossidiana – affiorante soprattutto alle pendici del monte Arci - e poi dei minerali - piombo, rame, argento, zinco - è stata una costante nella motivazione che ha spinto lungo i secoli gli "stranieri" a fare tappa in Sardegna. E così già dal II millennio l'isola è stata regolarmente inserita, spesso solo per esigenze logistiche, nelle rotte del commercio miceneo prima, etrusco e fenicio successivamente, e ancora punico e romano: traffici commerciali che fecero del Mediterraneo un immenso emporio per lungo tempo aperto agli scambi e successivamente trasformato da Roma in "Mare nostrum". La Sardegna, diventata colonia delle potenti repubbliche marinare di Genova e di Pisa agli inizi del XIII secolo, viene poi utilizzata nel 1297 come merce di scambio da parte della Chiesa per i suoi disegni politici e data in "dono" ai sovrani aragonesi. Nei quattrocento anni successivi - inizialmente appannaggio della Corona Aragonese fino alla sua unione con il Regno di Castiglia e la conseguente unificazione dei territori spagnoli – l'Isola fu profondamente ispanizzata, nella lingua. nella cultura e nell'amministrazione, pur restando assolutamente marginale nella organizzazione e gestione dell'immenso Impero spagnolo.

Arriviamo alla Sardegna sabauda e poi italiana e allo sfruttamento delle ricchezze minerarie e di quelle boschive ad opera di numerosi uomini d'affari, spesso dotati di poca o nessuna esperienza imprenditoriale, ma sicuramente ben forniti di notevole intraprendenza e adeguatamente supportati da banchieri e governanti. Era l'epoca del nascente capitalismo industriale che interpretava la sua missione di veicolo per l'accrescimento ulteriore della ricchezza in mano ai detentori del potere politico e finanziario, poco o affatto curandosi dei danni irreversibili, ambientali e umani provocati dallo scriteriato sfruttamento delle risorse naturali. Attività quest'ultima che ha contrassegnato l'intero secolo XIX e poi ancora una buona parte del Novecento. Gli influssi culturali degli antichi e remoti visitatori o degli immigrati o dei colonizzatori si sono probabilmente limitati alla tecnica delle costruzioni megalitiche sfociate nel tempo nell'edificazione dei nuraghi, senza stravolgere le antichissime e profonde tradizioni delle popolazioni "indigene" votate al mantenimento - intatto attraverso i secoli - della società basata sui gruppi famigliari, i clan e le tribù e nelle loro autonome organizzazioni. Resta da accertare, ed è opera ardua e non sicuramente esaustiva, la probabile provenienza di questi flussi migratori, la loro diffusione e l'estensione nel tempo e negli spazi dell'isola. La posizione centrale della Sardegna nell'occidente mediterraneo, all'incirca equidistante dalla penisola italiana, dalle coste nord africane e dalle Baleari, e non lontanissima dalla penisola iberica,   non è mai stata sufficiente all'instaurazione di rapporti proficui per le comunità isolane. E poi ci sono i miti. Quello dei guerrieri Shardana, ad esempio, che si sarebbero uniti ai " Popoli del mare", partecipando nel XII secolo a. C. alle ondate di invasioni, distruzioni e saccheggi di antiche civiltà palaziali, di regni e imperi nel Mediterraneo orientale, nell'Anatolia, fino a minacciare la stessa esistenza della potenza egizia. Che dei guerrieri Shardana facciano cenno alcune epigrafi egizie può rientrare o meno in una verità storica, ma sappiamo anche che molti dei documenti di antiche civiltà (e anche di nazioni a noi più vicine nel tempo sino ad arrivare ai giorni nostri...) erano spesso ridondanti di elogi e apologie imposti dai regnanti o comunque dai detentori del potere : ai cronisti e scribi di corte non restava che adeguarsi. Ma prima di dare per certo che *quelle orde di valorosi guerrieri* avessero le loro radici genealogiche e le loro basi navali in Sardegna… Sulla provenienza dei guerrieri che fecero la loro apparizione alla fine dell'età del bronzo, le congetture, le ipotesi e le ricostruzioni più o meno fantasiose sono numerosissime. Certo è che apparvero e si eclissarono in un breve lasso di tempo lasciando distruzione e morte al loro passaggio. Di loro sappiamo pochissimo; si pensa che si spostassero continuamente da un luogo all'altro. Non si è in grado di attribuire *interamente* alle loro incursioni armate la crisi che provocò la caduta degli antichi regni che gravitavano attorno al bacino orientale del Mediterraneo; altre cause – catastrofi naturali come pestilenze, siccità, terremoti e

9

le conseguenti carestie – potrebbero aver contribuito a quella crisi epocale. Non abbiamo alcuna certezza né dei loro luoghi di origine né delle terre dove si stabilirono dopo il periodo delle incursioni che *contribuirono*, si crede, a determinare la fine delle civiltà che – prima del XII secolo – dominavano la scena politica. Attribuire la patria di origine dei Shardana alla Sardegna può essere giustificata, almeno in parte, dall'assonanza consonantica dei due nomi; identico discorso semantico si può fare per i due termini Shekelesh e Sicilia (vedi Eric H. Cline: 1177 a. C. - Il collasso della civiltà – ed. Bollati Boringhieri 2014). Rileggiamo quanto hanno scritto a tal proposito due tra i maggiori archeologi e storici della Sardegna.

Non conosciamo quale fosse il nome del popolo che costruì i nuraghi, benché conosciamo almeno in parte le sue caratteristiche fisiche, di origine mediterranea indigena, preindoeuropea. Appare invece difficile che potessero essere chiamati Sardi, perché nonostante il fatto che nel IX – VII sec. a. C. il nome di Sardegna (SRDN) si ritrovi già in un'iscrizione fenicia di Nora, la radice SARD risulta piuttosto rara tra i toponimi attuali. Il nome Sardegna (Sardò) e l'aggettivo Sardonio (Sardonios) è stato usato dalle fonti classiche per indicare l'isola e i suoi abitanti almeno dal V sec. a. C.; pare a qualche studioso che debba riferirsi solo alle popolazioni sottoposte a Cartagine. Molti dubbi sono stati avanzati anche sull'identificazione con i Sardi degli Shardana che, secondo i testi egizi, si scontrarono con l'Egitto nella metà circa del XIII sec.

a. C. (Ercole Contu – La Sardegna Preistorica e nuragica – pagg. 536-537 vol. II – Carlo Delfino Editore 2006-2008).

Nell'800, a cominciare da Giovanni Spano, fu evocato il popolo dei Sherdanw. Al carattere fiero, coraggioso e bellicoso dei costruttori delle rocche e dei grandi castelli protosardi, si vorrebbe accostare quello "dal cuore ribelle" dei Sherdanw. Questo "Popolo del mare" (è noto), combatte contro i Faraoni in periodi diversi; prima in alleanza con gli hittiti nella battaglia di Kadesh sull'Oronte di Siria, nel 1285; poi, alleandosi a Marmajon , capo dei Lebu, nella battaglia di Paarisshep vinta da Ramesses II; infine coi Tamahenu e i Maschavasha libici sconfitti da Ramesses III nel 1182-1151. Ma i Sherdanw costituiscono anche la guardia del corpo dei Faraoni e per i servizi resi vengono ricompensati con terre in proprietà. Questo popolo piratesco e mercenario si può identificare con uno dei popoli abitanti la Sardegna nel Bronzo recente, di nome Sardo? L'ipotesi che sullo scorcio del II millennio a. C. dimorasse in Sardegna un popolo particolarmente addestrato alla milizia che, con altri popoli della lega mediterranea contro l'Egitto, giunse al delta del Nilo con proprie flottiglie, se non è da accogliere acriticamente non si può nemmeno scartare del tutto, aprioristicamente. Lasciando impregiudicata la questione se costruttori di nuraghi e altri monumenti siano stati i Sherdanw o altri popoli e abbiano partecipato o meno ai movimenti e a guerre mediterranee, è certo però, che tra popolazioni insulari e rivierasche del Mediterraneo dovettero intervenire rapporti e scambi di carattere commerciale. (Giovanni Lilliu - La civiltà dei Sardi pagg. 459-460 – Il Maestrale e Rai Eri - 2003)

Capita spesso che si mantengano inalterati, o addirittura si accrescano i miti per bilanciare una carente documentazione o per soddisfare l'aspirazione d'inserire territori periferici e loro abitanti nelle più note e accertate correnti storiche, nelle grandi e famose battaglie, nelle importanti scoperte geografiche o *scientifiche*. Sarebbe invece auspicabile non dimenticare che una civiltà non dovrebbe necessariamente essere confrontata con esperienze e percorsi storici che altre comunità hanno affrontato e vissuto lungo i millenni della storia: una civiltà è ancora più meritevole di attenzione e di rispetto, quando denota una sua particolare identità culturale. L'identità della Sardegna è per certi aspetti ancora viva e singolare, e se lasciamo da parte semplicistiche interpretazioni etimologiche della civiltà solo appannaggio delle comunità organizzate in "città", questa identità merita di essere conosciuta e rispettata.

"La Sardegna è un'altra cosa (rispetto all'Italia)... uno spazio attraente e sconfinato, con le sue distanze senza una fine. E' sinonimo di libertà". Così annotava David Herbert Lawrence nel suo resoconto del viaggio compiuto in Sardegna nel 1921 in compagnia della sua "ape regina" (Frieda Richthofen, sua moglie) . Nelle duecento pagine di Mare e Sardegna, D.H. Lawrence non cita una sola volta i nuraghi: comprensibile e voluta omissione in quanto lo scrittore inglese non si era sobbarcato la fatica e le scomodità del viaggio in Sardegna per ammirare il patrimonio artistico e archeologico dell'isola. Il motivo principale di quella brevissima vacanza era stato piuttosto il desiderio di fuggire, almeno per un po', dalla "classicità" dei paesaggi italiani. L'isola manteneva, agli occhi dello scrittore inglese, un'anima, nessuna età, nessuna razza: niente da offrire. Una terra dove si poteva respirare la libertà, con i suoi spazi apparentemente senza confini, con il suo paesaggio incontaminato, fortunatamente ancora al di fuori della modernità e dell'industrializzazione che avevano ormai intrappolato buona parte dei paesi europei.

"E' un qualcosa per parecchi versi ancora misterioso o difficilmente esplicabile, questo pullulare di torri in ogni parte dell'isola, dalle coste alla montagna...; questo adattarsi di una forma costruttiva rimasta nel nucleo simile a se stessa..." scriveva il celebre archeologo Giovanni Lilliu (Sardegna nuragica - Edizioni Il Maestrale 2006). "I nuraghi sono edifici straordinari. Chi non li ha visti con i propri occhi difficilmente se ne può fare un'idea. Sono torri che servivano probabilmente sia da abitazione sia da fortezza; formavano una rete che copriva l'Isola ed erano disposti con un criterio di interconnessione, in modo da poter fare segnalazioni dall'uno all'altro. Furono costruiti a partire da 3800 anni fa, per almeno 1000 anni" (Luca e Francesco Cavalli-Sforza: Chi siamo - La storia della diversità umana - Arnoldo

Mondadori Editore 1993). Sicuramente i nuraghi rappresentano, meglio di qualunque altro edificio antico o remoto, la Sardegna, ma la storia dell'isola è qualcosa di più che il solo periodo nuragico. Nel lungo procedere verso la cosiddetta Civiltà, i sardi sono probabilmente rimasti isolati per decine di secoli, ma con il perfezionamento delle tecniche di navigazione e dell'ingegneria navale, si è accentuato il loro coinvolgimento negli spostamenti e nelle migrazioni delle popolazioni mediterranee, e non solo di quelle. L'isola, al centro del Mediterraneo occidentale, a partire dalla fine del III millennio a. C. è diventata sempre più crocevia dei traffici che i popoli del bacino orientale del Mediterraneo intensificarono alla ricerca di minerali e di occasioni per lo sviluppo della loro attività commerciale. In Sardegna si affacciarono i Micenei, i Fenici, gli Etruschi, i Greci, e chissà quanti altri ancora alla ricerca della preziosa ossidiana, dei minerali o semplicemente per stabilire dei fondachi, delle basi per il rifornimento (acqua e cibo) delle loro navi. La civiltà nuragica mai arrivò al perfezionamento di un'organizzazione urbana che sola, forse, avrebbe potuto sfociare in una visione nazionale più ampia, necessaria per fronteggiare le mire di conquista che nel tempo si sostituirono alla pacifica invasione commerciale dei primi *visitatori*.

Ottant'anni fa, all'incirca, il grande geografo francese Maurice Le Lannou – innamorato e profondo conoscitore della Sardegna – scriveva, utilizzando una mirabile sintesi geologica, che l'Isola è una terra primaria, potentemente consolidata dalle intrusioni granitiche dell'orogenesi ercinica (340 milioni di anni fa). E proseguiva: *Il ruolo più importante nella genesi del rilievo sardo, lo ha giocato la tettonica. La Sardegna è un mosaico le cui tessere si sono spostate. Se le superfici delle diverse regioni sono monotone, non sono però tutte alla stessa altitudine, e sono spesso separate da scarpate molto ripide.* Con altre parole, la Sardegna è una terra di altipiani e di gradini. *Le erosioni posteriori hanno aggravato questa frammentazione grazie ai corsi d'acqua che hanno inciso versanti ripidi che finiscono per costituire delle nuove fratture. Alle gradinate delle fratture che mettono tanta asprezza in questi paesaggi bisogna aggiungere questi solchi profondi, ispidi custodi dell'isolamento delle diverse zone.* Conseguenza di tale frammentazione è sempre stata la difficoltà della circolazione interna. *Ma c'è un fatto anche più grave e più importante di questa frammentazione interna ed è il suo isolamento generale nel mondo mediterraneo: la Sardegna è a 230 chilometri dalla penisola italiana, a 200 dalla Tunisia, a 300 dalle coste francesi, insomma proprio al centro del Mediterraneo occidentale. Il mare, invece di attirare gli isolani sembra averli respinti verso l'interno dell'isola.*

Il mare, dunque - che per la maggior parte delle popolazioni rivierasche e di quelle isolane che occupano questo grande lago che è il Mediterraneo, è stato veicolo di civiltà e di scambi – ha costituito una ulteriore barriera e ostacolo per la Sardegna, isolandola, avvolgendola con i suoi spazi liquidi e insormontabili, separandola dai restanti paesi mediterranei, che per millenni hanno costituito il *resto del mondo.*Fa notare opportunamente Ilario Principe: *All'interno di una traccia così netta, la cornice naturale appare determinante nel destino di un gruppo umano, nella formazione di una particolarità storica. E infatti l'insularità della Sardegna, il suo isolamento nel mezzo del Mediterraneo occidentale, le caratteristiche delle sue coste e del suo rilievo, l'attrazione esercitata da alcune sue ricchezze le hanno attribuito, sin dalla più lontana preistoria, una originalità talvolta appena accennata , talvolta evidente. Alcune costanti naturali hanno fatto di questa Isola massiccia una specie di continente minore, un'entità storica a parte. Ciò spiega in parte perché le varie dominazioni insediatesi in Sardegna abbiano spesso avuto la caratteristica di un occasionale sfruttamento.*

E' sempre il mondo esterno che entra in contatto e comunica con la Sardegna e quasi mai la Sardegna prende l'iniziativa di proporsi quale artefice del proprio destino e quale portatore di istanze e di iniziative economiche e politiche dirette all'occupazione di un ruolo che invece la sua posizione avrebbe potuto suggerire. Lo storico francese, Lucien Febvre, fondatore insieme a Marc Bloch della rivista *Annales d'histoire économique et sociale,* vedeva la Sardegna – a differenza della Sicilia - come *isola prigione, conservatrice di vecchie razze eliminate, di vecchi usi, di vecchie forme sociali; immune da influenze esterne e immersa in un mondo ancestrale e fossile.* Un quadro complesso quasi sicuramente imputabile alle condizioni geografiche di isolamento che si sono sommate a una secolare, *"lunga e sofferta subalternità forse più accentuata e per non trascurabili aspetti più immiserente che altrove"* (Giulio Angioni).

Sardegna isola dei misteri

Per lunghissimo tempo, la Sardegna - i suoi abitatori succedutisi nel corso dei secoli e i suoi monumenti megalitici - sono rimasti avvolti nella nebbia di leggende e miti che la relegavano a un ruolo subalterno nei confronti delle altre correnti culturali che si diffusero nel Mediterraneo, nelle numerosissime isole e nelle terre che in questo mare si affacciano.

Le fonti letterarie - scrittori greci e latini soprattutto - si occuparono della Sardegna esclusivamente per appagare la curiosità che suscitava questa isola così misteriosa e lontana. Con poche varianti, la versione letteraria ha sempre costituito la base dei libri di storia che si occupavano dell'isola, non esistendo alternative a queste *fonti di seconda mano* poiché le epigrafi più remote rinvenute in Sardegna risalgono al IX - VIII secolo a. C. a documentare l'avvio dell'occupazione – per lo meno della frequentazione - dei territori costieri sud occidentali da parte dei Fenici. Ecco un esempio di quelle fonti classiche che hanno costituito la base per la *storia della Sardegna* e che solo nel secolo scorso, con l'archeologia *scientifica,* sono state *parzialmente* superate.

"Dei non greci in occidente, i sardi hanno inviato una statua di bronzo di colui (Sardus Pater) *da cui*

prendono il nome. Per dimensione e prosperità la Sardegna è alla pari delle isole più celebri. Quale fosse l'antico nome che le davano gli indigeni non lo so, ma quelli dei Greci che vi navigavano per commerciare la chiamavano Ichnussa perché la forma dell'isola è molto simile all'impronta di un uomo (ichnos). La sua lunghezza è di 1.120 stadi e la sua larghezza si estende fino a 420 stadi. Si dice che i primi marinai a sbarcare nell'isola siano stati libici. Il loro capo era Sardus, figlio di Maceris, soprannominato Eracle dagli egiziani e dai libici. Lo stesso Maceris fu celebrato principalmente per il suo viaggio a Delfi, ma fu Sardo a guidare i libici a Ichnussa e dopo di lui l'isola fu ribattezzata (Sardegna)... Né i libici né la popolazione nativa sapevano costruire città. Dimoravano in gruppi sparsi, dove il caso trovava loro una casa in capanne o caverne. Anni dopo i libici, giunsero nell'isola Aristeo e i suoi seguaci provenienti dalla Grecia...Anche questi coloni non fondarono alcuna città, la ragione essendo, credo, che né in numero né in forza erano capaci del compito. Dopo Aristeo, gli Iberi passarono in Sardegna, guidati da Norace come capo della spedizione e fondarono la città di Nora. La tradizione vuole che questa sia stata la prima città dell'isola.Un quarto componente della popolazione fu l'esercito di Iolao, composto da Tespiesi e da uomini dell'Attica, che fece scalo in Sardegna e fondò Olbia; da soli, gli Ateniesi fondarono Ogryle sia in commemorazione di una delle loro congregazioni religiose in patria sia perché uno stesso Orylus prese parte alla spedizione.

Comunque sia, ci sono ancora oggi in Sardegna luoghi chiamati Iolaia, e Iolao è venerato dagli abitanti. Quando Troia fu presa, tra quei Troiani che fuggirono c'erano quelli che si salvarono con Enea. Una parte di essi, sospinti dai venti favorevoli, giunse in Sardegnu e si unì con i Greci già ivi insediati. Ma agli elementi non greci fu impedito di entrare in conflitto con i Greci e i Troiani poiché i due nemici erano altrettanto bene armati e inoltre il fiume Thorsus, scorrendo tra i loro territori, impediva ad entrambi l'attraversamento. Tuttavia molti anni dopo, i Libici tornarono nell'Isola con un esercito più forte e iniziarono una guerra contro i Greci. I greci furono completamente annientati e solo pochi di loro sopravvissero. I Troiani fuggirono nelle parti alte dell'Isola e occuparono montagne difficili da scalare essendo impervie e protette da palizzate. Anche al giorno d'oggi si chiamano Ili (o Iliensi da Ilo, Troia) ma nella figura, nella foggia delle armi e nel modo di vivere in generale, sono come i Libici.
Poco distante dalla Sardegna c'è un'isola, chiamata Cirno dai Greci, ma Corsica dai Libici che la abitano. Gran parte della popolazione, oppressa dalle lotte civili, la lasciò e giunse in Sardegna; lì presero dimora, confinandosi negli altopiani. Quando i Cartaginesi furono al culmine della loro potenza marittima, vinsero tutti in Sardegna tranne Ili e Corsi, che sfuggirono alla schiavitù grazie alla forza delle montagne. Questi Cartaginesi, come quelli che li hanno preceduti, fondarono città nell'isola, cioè Caralis e Sulci. Alcuni mercenari cartaginesi, libici o iberici, litigarono per il

bottino, si ammutinarono e si unirono ai coloni dell'altopiano. Il loro nome in lingua Cyr è Balari che è il nome che indica i fuggiaschi. Queste sono le razze che dimorano in Sardegna e tale era la modalità del loro insediamento. La parte settentrionale dell'Isola e quella verso la terraferma d'Italia consiste di una ininterrotta catena di montagne impraticabili. E se navighi lungo la costa, su questa non troverai approdo mentre violente ma irregolari raffiche di vento scendono verso il mare dalle cime dei monti. Nel mezzo dell'isola c'è un'altra catena di montagne, ma di altezza inferiore. L'atmosfera qui è nel complesso pesante e malsana. Il motivo è in parte il sale che qui cristallizza, in parte l'opprimente, violento vento del sud, e in parte il fatto che, a causa dell'altezza dei monti dalla parte verso l'Italia. I venti del nord sono impediti - quando imperversa il caldo estivo - da raffreddare l'atmosfera e il terreno. Altri dicono che la causa sia Cirno, che non è separato dalla Sardegna da più di otto stadi di mare, ed è tutto montuoso e alto. Così si pensa che Cirno impedisca al vento di ponente e al vento del nord di arrivare fino alla Sardegna. Né serpenti velenosi né innocui possono vivere in Sardegna, né ancora lupi; i caproni non sono più grandi di quelli che si trovano altrove, ma la loro forma è quella dell'ariete selvatico ... Le loro corna non sporgono dalla testa, ma si arricciano dritte accanto alle orecchie. In velocità sono le più veloci di tutte le bestie. Ad eccezione di una pianta, l'isola è priva di veleni. Quest'erba mortale è come il sedano e si dice che chi la mangia muoia dal ridere. Perciò Omero, e gli uomini dopo di lui, chiamano sardonico il malsano riso. L'erba cresce principalmente intorno alle sorgenti, ma non conferisce alcun veleno all'acqua. Ho introdotto nella mia storia della Focide questo racconto della Sardegna, perché è un'isola intorno alla quale i Greci sono molto ignoranti.

Il brano riportato sopra è quanto Pausania il Periegeta, geografo e scrittore greco di origine asiatica vissuto nel II secolo, inserì nel X libro (10.17.1-13) della sua opera *Periegesi della Grecia*, con l'intento di fornire notizie storiche e geografiche sulla Sardegna. A dire il vero, si trattava solo in minima parte di informazioni storiche dal momento che l'intraprendente autore attinse a piene mani alla vastissima mitologia greca senza trascurare l'epica con le sue narrazioni di imprese eroiche di personaggi eccezionali, veri o inventati che fossero, ma sicuramente mitizzati nel corso dei secoli e divenuti oggetto di trasmissione orale e scritta nell'intero mondo ellenico e non solo. A loro volta numerose notizie di carattere geografico sono frutto di esperienze dirette, mentre altre sono di seconda mano, racconti di naviganti greci che conoscevano i paesi descritti e le leggende intorno ad essi. Il trattato – una vera e propria guida della Grecia – dedica i suoi dieci libri, in ordine, all'Attica, Corinzia e Argolide, Laconia e Messenia, Elide e Olimpia, Acaia, Arcadia, Beozia, Focide (soffermandosi in particolar modo su Delfi e al suo santuario apollineo). In quest'ultimo libro, Pausania inserisce le notizie e le leggende circa la Sardegna e la sua colonizzazione. Considerati i tempi della redazione, la Periegesi contiene delle   notizie geografiche sulla

Sardegna piuttosto attendibili. Si vedano le misure della lunghezza e della larghezza dell'isola: la lunghezza riportata dallo scrittore greco è di circa 200 chilometri contro i 270 effettivi; la larghezza è indicata in 75 chilometri contro 140. Se pensiamo che si tratta di un'opera che risale a 1900 anni fa, non possiamo che essere piacevolmente colpiti da un calcolo sì approssimativo, ma assolutamente accettabile. Per quanto riguarda il clima e l'orografia, stesso discorso le notizie sono piuttosto veritiere. La parte storica, leggendaria e mitologica ha comunque superato brillantemente l'usura del tempo. La narrazione tradizionale attorno al popolamento della Sardegna indicava il periodo delle prime colonizzazioni coincidente con l'epoca della diffusione del megalitismo, fenomeno che in Sardegna si concretizzò con la costruzione delle numerose *tombe dei giganti* e che ebbe il suo culmine con l'edificazione delle migliaia di nuraghi sparsi un po' ovunque. L'arrivo di quelle ondate di colonizzatori e costruttori dei monumenti megalitici si faceva risalire alla seconda metà del III millennio.

Nel secondo capitolo del suo libro *Memorie del Mediterraneo*, scritto nel 1969, Fernand Braudel, in accordo con la narrazione tradizionale, ribadisce l'ipotesi – che si riteneva molto probabile se non addirittura certa - che la Corsica e la Sardegna avrebbero atteso, per essere popolate, l'approdo di navigatori giunti verso la metà del III millennio.

Anche Giovanni Lilliu, il *padre* dell'archeologia

nuragica si collocava nella medesima corrente di pensiero: *"La terra che vanta i lembi geologici più vecchi d'Italia fu una delle ultime a ricevere l'uomo. Esso arrivò relativamente molto tardi in Sardegna, soltanto nel Neolitico e, per quanto oggi se ne sa, in nuclei isolati a carattere di popolamento episodico. Nessuna traccia dell'uomo paleolitico che ha lasciato manifestazioni diffuse e intense in Africa, Spagna e nella penisola italiana...Per molte migliaia di anni, dunque, la Sardegna rimase disabitata, coperta da un manto di boschi..."*. Ma la limpida onestà intellettuale porterà, qualche anno più tardi, il Professor Lilliu a precisare: *"Così io pensavo e scrivevo della venuta dell'uomo in Sardegna nella prima edizione di questo libro* (La civiltà dei Sardi) *uscita nel 1963, e poi nella seconda del 1972 ampliata nel 1975, sino allle ristampe del 1980 e del 1983"*.

La generale accettazione di tale pensiero condusse alle più svariate interpretazioni e congetture sulla provenienza dei primi abitatori dell'isola. Si dimenticò - durante tali dibattiti, ipotesi e studi che si prolungarono nel tempo – che difficilmente un processo di popolamento di terre *vergini* si esaurisce in un limitato arco di tempo, ignorando che i movimenti che hanno originato le colonizzazioni possono abbracciare periodi piuttosto lunghi, essere interrotti per anni o secoli, ripresi più volte e più volte abbandonati. Di molti di essi restano tracce più o meno evidenti e di altri solo qualche fortunato caso può portare una nuova luce alle precedenti interpretazioni. Accadde ciò anche in

Sardegna. Ma procediamo con ordine. Per anni l'ipotesi – come si è già accennato - maggiormente accreditata sull'argomento e sui problemi ad esso connessi (provenienza dei primi colonizzatori) indicava, come altamente probabile l'epoca di edificazione dei nuraghi nel periodo compreso tra il III e il II millennio. Non restava altro che individuare e approfondire meglio gli stili e le culture ispiratrici delle antichissime costruzioni disseminate un po' dappertutto nell'Isola. Dopodiché l'enigma degli scavatori e utilizzatori delle *domus de janas* (tombe e luoghi di culto scavati nella roccia), dei costruttori delle tombe dei giganti, e successivamente delle torri nuragiche, avrebbe trovato un'accettabile spiegazione. S'intravidero assonanze stilistiche e tracce delle probabili Culture che avrebbero potuto esercitare i loro influssi sulla tecnica costruttiva dei nuraghi, dei monumenti funebri, degli edifici sacri (pozzi sacri).Appariva tutto chiaro: il mare aveva isolato la Sardegna, lasciandola fuori dalla Storia del Mediterraneo e dell'Europa, per i primi 7-8.000 anni del Neolitico e ci sarebbe entrata solamente attorno al 2.500 a. C. Se pensiamo, limitandoci all'Europa occidentale, che sin dal 30.000 a.C. gli uomini che frequentarono le grotte di Chauvet (Francia meridionale) lasciarono graffiti e dipinti sulle pareti che raffiguravano bisonti, orsi, mammut, cavalli, uccelli… Pareva proprio che la Storia avesse dimenticato la Sardegna o perlomeno che fosse arrivata nell'Isola con decine di migliaia d'anni di ritardo rispetto al Continente europeo. Ma la Storia, quella remota, nasconde spesso il suo dispiegarsi lungo i secoli e i millenni, e ogni supposta verità o evidenza è sempre e solo interpretazione legata al livello delle conoscenze del presente e spesso è frutto di pregiudizi e di accomodamenti anche ideologici; nuove letture stravolgono ciò che si riteneva acquisito in maniera definitiva. Come affermava John Stuart Mill (*On Liberty*): *la verità può avere solamente un valore provvisorio.* L'interpretazione dei reperti archeologici non è né certa né definitiva, e non potrebbe essere diversamente. Basti pensare al continuo perfezionamento e potenziamento dei metodi d'indagine e al continuo apporto della tecnologia al servizio di tutti i rami della conoscenza. Gli storici che esaminano una Civiltà o un periodo storico molto lontano nel tempo, hanno dunque a disposizione strumenti e metodi sempre più attendibili per la datazione dei reperti archeologici, compresa la misurazione radiometrica, la più nota delle quali è l'analisi C-14, o del radiocarbonio. Anche la stratigrafia e le interpretazioni per analogia sono procedimenti diffusi e accettati; senza trascurare l'enorme vantaggio che, nell'ultimo quarto di secolo, proviene dall'uso sempre più generalizzato di Internet che consente la diffusione planetaria e simultanea delle ricerche, degli studi e dei risultati in qualsiasi campo. E' bene comunque non dimenticare che le certezze scientifiche sono valide in quanto ci permettono di soddisfare una specifica esigenza d'interpretazione e che perciò risultano essere utili: la loro validità verrà messa in discussione da future inevitabili confutazioni. Occorre anche ricordare il ruolo fondamentale (e qualche volta rivoluzionario) che è spesso derivato dalle scoperte casuali che possono dare avvio a campagne di scavo ed esplorazione di siti mai precedentemente individuati.

La Sardegna nella storia del Mediterraneo

La Sardegna rientrerà a pieno titolo nell'alveo storico dell'Europa e del Mediterraneo nel 1979 quando si assisterà alla prima segnalazione di inconfutabili prove della presenza umana in un periodo ascrivibile attorno all'XI millennio a.C., in seguito al ritrovamento, nella grotta Corbeddu che si trova nei pressi della valle di Lanaittu (Oliena) – esplorata nel 1967, ed esaminata con rigore scientifico nei 20 anni successivi - di resti del cervo Megaceros Cazioti con tracce di intervento umano a mezzo di un utensile ricavato da osso. Gli studiosi spostano ancora più indietro (di molte decine di migliaia di anni!) la probabile presenza umana in Sardegna. A questa conclusione si è giunti in seguito al ritrovamento di materiali scheggiati, in selce e quarzite, inquadrabili dal punto di vista tipologico nello stile clactoniano, quello cioè che caratterizza gli oggetti rinvenuti per la prima volta nel sito di Clacton-on Sea, Gran Bretagna, agli inizi del 1900. Lo stile clactoniano - nome adottato dal Henri Breuil, antropologo e archeologo francese noto anche per lo studio dell'arte rupestre nelle grotte di Altamira e Lescaux - è caratterizzato da manufatti di pietra derivati da grandi schegge. Le industrie denominate clactoniane sono state attribuite ad alcune centinaia di oggetti (bulini, punte, raschiatoi, ed altro) venuti alla luce nell'Anglona, tra Perfugas e Laerru, lungo il corso del Rio Altana. Si può tranquillamente, dopo tali scoperte di reperti litici, affermare che buona parte di ciò che si era pensato e scritto per decenni, circa l'assoluta estraneità della Sardegna al lento cammino delle popolazioni europee e mediterranee verso la Storia e la civiltà, risultò un'ipotesi infondata. Se fino a 40 anni fa era convinzione diffusa e accettata dalla maggior parte degli studiosi di preistoria che i primi insediamenti dell'uomo nell'Isola risalivano al neolitico o tutt'al più all'ultima fase del paleolitico superiore (circa 10.000 – 12.000 a.C.), pur con tutte le cautele, si tende a spostare indietro nel tempo tale periodo di *colonizzazione* collocandolo nel paleolitico inferiore (400.000 – 100.000 a.C.), per lo meno nella parte centrale di tale periodo.

Con la scoperta del Paleolitico dell'Anglona, la Sardegna non era più una terra disabitata dove - come ebbe a scrivere Giovanni Lilliu nella prima edizione (1963) del suo fondamentale *La civiltà dei Sardi* - *"fumavano vulcani contro i cieli di silenzio e di luna; vasti incendi spontanei di foreste illuminavano le notti senza uomini"*. Considerazioni ribadite nelle successive edizioni e ristampe sino al 1980.

Accantonata la convinzione che la Sardegna fosse una delle ultime regioni mediterranee ad essere colonizzata, non restava che ipotizzare una invasione proveniente per via terrestre e, limitatamente a brevi tratti, via mare. Questo in quanto nelle epoche remote cui si farebbero risalire le prime tracce dei colonizzatori protosardi, l'arte della navigazione pare fosse limitata ad alcune popolazioni del Vicino Oriente e riguardasse esclusivamente la navigazione fluviale, quella lacustre o sottocosta. A questo punto diventava verosimile ipotizzare il solo tragitto possibile a disposizione dei primi immigrati: quello resosi disponibile tra l'arcipelago toscano, la Corsica e la Sardegna. Venne cioè molto probabilmente utilizzato una sorta di ponte naturale formatosi in seguito all'innalzamento della piattaforma sottomarina e all'abbassamento del livello del mare nei periodi che videro le diverse glaciazioni alternarsi tra i 500 mila e i 10 mila anni fa.

Neolitico e nascita dell'agricoltura.

Con la fine del Mesolitico, collocata tra 12.000 e 10.000 anni fa, si assiste a un clima più mite e al passaggio da una forma di economia basata esclusivamente sulla caccia e sulla raccolta di frutti ed erbe spontanee, ai primi "esperimenti" di agricoltura, intesa come attività produttiva di cereali e leguminose, atta a soddisfare le esigenze alimentari di una popolazione in aumento; cereali e legumi già presenti, d'altronde, in vaste aeree allo stato spontaneo, selvatico, e abbondantemente raccolti e utilizzati. Naturalmente anche in questo caso siamo nel campo delle ipotesi, pur avendo ultimamente assistito a un affinamento e perfezionamento delle tecniche d'indagine che si avvalgono di innovativi metodi di ricerca che stanno conducendo gli studi della *preistoria* sul piano della

storia a tutti gli effetti. Un esempio di tale svolta è stato fornito dalla genetica grazie al fondamentale contributo di Albert Ammermann e Luca Cavalli Sforza (La transizione neolitica e la genetica delle popolazioni in Europa –1984).
Recenti studi e ricerche sull'argomento "nascita dell'agricoltura e nascita dello Stato" hanno modificato almeno in parte le precedenti teorie che attribuivano l'avvio della tecnica agricola a quelle popolazioni (anatoliche, mesopotamiche e delle aree circostanti) che avevano abbandonato il nomadismo: gruppi che avevano optato per una vita più sedentaria, caratterizzata da più stabili insediamenti (accampamenti o villaggi) e che nel tempo avrebbero dato l'avvio alla domesticazione dei cereali. Si sarebbe dato inizio, in questo modo, anche alle prime domesticazioni degli animali (ovini, caprini, suini e poi bovini), allevati in un primo tempo quali fornitori di carne e pellami e in epoca più tarda come fornitori di energia per il trasporto e il lavoro nei campi e ancora come fornitori di concimi. "Si è scoperto però che la sedentarietà precede di molto le prove della domesticazione di piante e animali e che stanzialità e domesticazione esistevano almeno quattromila anni prima che apparisse qualcosa di simile ai villaggi agricoli... La sedentarietà è piuttosto comune in scenari pre agricoli ecologicamente ricchi e variegati – in particolare le terre umide ai margini delle rotte di migrazione stagionale di pesci, uccelli e selvaggina di grosse dimensioni... Troviamo anche l'anomalia opposta: la coltivazione dei campi

29

associata con la mobilità e la dispersione, eccetto che
per il breve periodo del raccolto". (James C. Scott - Le
origini della civiltà. Una controstoria - traduzione di
Maddalena Ferrara - Einaudi 2018).
Un quadro antropologico, come si vede, in continua
evoluzione e in cui avanzano nuove e provocatorie
ipotesi, anche se la narrazione "storica" della nascita
dell'agricoltura continua a tenere banco. Diamo
un'occhiata a quella narrazione. Gli storici non sempre
concordano sulle origini geografiche e cronologiche, né
tanto meno sulle modalità di questa generalizzata
diffusione dell'agricoltura. Facile supporre che sia per
l'agricoltura che per ogni tappa del cammino dell'uomo
verso la "civilizzazione" (compresi i vari stadi
riguardanti l'uso dei metalli), la diffusione delle
"scoperte" non può che essere avvenuta lungo percorsi
e tempi piuttosto lunghi. A meno che non si accetti
l'ipotesi che vede nell'autonoma "scoperta"di un
prodotto, di una tecnica, di una idea religiosa o politica,
un modo alternativo a quello della diffusione della
conoscenza tramite contatti con altre popolazioni. I più
accreditati studi indicano nella regione anatolica il
punto focale per l'irradiamento delle tecniche agricole
(attorno a 10.000 anni fa) che sarebbero poi state
assimilate dalle popolazioni che occupavano i territori
dell'Europa sud-orientale circa ottomila anni fa, per poi
arrivare nelle regioni europee occidentali (penisola
iberica) attorno ai 6000 - 5000 anni fa. Si calcola, cioè,
che le tecniche agricole si siano diffuse a una velocità
media di circa 1 chilometro   all'anno   verso l'intera

Europa, impiegando circa 4.000 anni per raggiungere le terre più distanti (i territori del nord-ovest) dai luoghi d'origine. Degna di attenzione anche in questo caso l'ipotesi dell'autonoma scoperta dell'agricoltura sicuramente non in maniera uniforme e simultanea. Con il Neolitico si incrementò notevolmente anche la fabbricazione degli utensili necessari all'attività agricola, come i primi rozzi falcetti di legno o di osso per la mietitura dei cereali e costruiti utilizzando, per il taglio, lamelle di ossidiana o selce. Non è certamente da scartare l'ipotesi che tali strumenti venissero comunque utilizzati anche per la raccolta dei cereali e legumi ampiamente diffusi alla stato selvatico, quando la coltivazione degli stessi non era ancora stata perfezionata e diffusa. Anche la fabbricazione delle ceramiche diede un notevolissimo impulso alla crescita delle comunità che erano passate dalla semplice raccolta alla produzione agricola, consentendo loro la conservazione dei prodotti, la cottura e il trasporto dei cibi. Gli uomini del Neolitico praticavano naturalmente anche la caccia e la pesca, ma fu grazie all'agricoltura e alla domesticazione degli animali che si poté sfamare un maggior numero di individui. Gli agricoltori hanno abitudini e stili di vita decisamente diversi da quelli dei cacciatori; sono necessariamente più legati al territorio occupato, costruiscono le loro abitazioni nei pressi dei campi coltivati, danno più peso alla famiglia, al clan, alla comunità. E grazie a una migliore organizzazione e alla più ampia disponibilità di cibo, è più facile che il numero degli individui sia   aumentato a un ritmo più elevato rispetto al passato, che presentava una popolazione stabile o in leggera crescita. Le popolazioni dedite quasi esclusivamente alla caccia e alla raccolta dei frutti spontanei, data la loro caratteristica di "mobilità" alla continua ricerca di selvaggina, non si potevano permettere una prole molto numerosa, poiché i loro spostamenti venivano sicuramente rallentati dagli individui più piccoli e da quelli più anziani. Occorreva continuamente spostarsi al seguito dei branchi della selvaggina, soprattutto quella di grossa taglia (bisonti, renne, cervi, ecc.). Con l'agricoltura si assiste quindi a un grande balzo in avanti nella produzione degli utensili e nell'organizzazione delle piccole comunità degli agricoltori che lentamente, ma progressivamente, si stavano avviando verso una società di piccoli villaggi. Nella maggior parte dei casi, gli agglomerati rimasero comunque contraddistinti da una spiccata autonomia e autosufficienza che ne delimitava le dimensioni; raramente si pervenne a una più estesa e duratura organizzazione. La situazione demografica di sotto popolazione, l'asperità del territorio, la mancanza di regolari corsi d'acqua , la collocazione periferica o di difficile raggiungimento, un'economia povera mirante alla sola autosufficienza, sono tutte, probabilmente, concause del mancato o insufficiente percorso verso la nascita delle città. La Sardegna ha rappresentato un caso emblematico di tutte le suesposte difficoltà frapposte a quel processo di aggregazione civile, economica e politica che hanno impedito il sorgere di estesi centri abitati per opera delle popolazioni indigene. I soli casi conosciuti sono attribuibili all'importazione delle esperienze cittadine, concretizzatisi non prima del IX secolo a.C. in seguito all'occupazione delle zone costiere sarde da parte dei Fenici.

Neolitico in Sardegna - Età prenuragica

Millecinquecento anni, è la presunta durata di quella che si può chiamare età nuragica, con le sue megalitiche costruzioni che punteggiano ogni remoto angolo dell'Isola, che difficilmente riusciamo ad immaginare orfana di queste torri: il ruolo che i nuraghi hanno sempre ricoperto come simbolo stesso della Sardegna ha, per un lunghissimo tempo, fatto coincidere la civiltà nuragica con la civiltà dei sardi. E' facile accettare l'idea che il periodo nuragico abbia costituito un periodo esaltante nella storia della Sardegna, che resterà, sotto molti punti di vista, assolutamente irripetibile.

Per dare un quadro cronologico di quel periodo si è soliti accettare, senza problemi, una durata tra i 13 e 15 secoli (1800 – 300 a.C.). Ma non dobbiamo dimenticare che ogni epoca storica è in primo luogo prosecuzione e spesso (non sempre) perfezionamento del livello precedente di conoscenze. L'archeologia ha messo a disposizione (grazie anche alle moderne tecnologie e strumenti d'indagine sempre più attendibili) la chiave di lettura del periodo prenuragico e in essi ha individuato i presupposti che hanno consentito alle generazioni posteriori nuragiche di lasciare un'originale impronta

33

nella storia della civiltà mediterranea. Il perfezionamento delle tecniche di edificazione dei monumenti megalitici può aver beneficiato anche di nuovi arrivi di popolazioni (attraverso la Corsica?) provenienti, probabilmente, non solo dalla penisola italiana, ma anche dall'area iberica e dal bacino orientale del Mediterraneo. Per quanto riguarda l'influsso miceneo nella edificazione delle torri nuragiche è venuta meno la certezza di un tale significativo apporto in quanto *nel Mediterraneo orientale l'architettura delle mura turrite si manifesta talora dove sorgerà, poi, quella micenea propriamente detta, che è invece pressoché del tutto priva di torri* (Ercole Contu).

Proviamo a fare un breve excursus delle età (che gli storici chiamano Culture) che hanno preceduto quella nuragica. L'orizzonte temporale entro il quale le conoscenze archeologiche evidenziano dei riscontri più che attendibili va spostato indietro di ulteriori 2500 anni. Arriviamo alla parte mediana del neolitico (4300 anni a.C. circa) per ritrovare la cultura di **Bonu Ighinu (o Bonuighinu)**. Seguirà, dopo un millennio circa, la cultura di **Ozieri o San Michele.** Il periodo compreso tra il 2500 e il 1800 a.C. vedrà lo sviluppo delle culture di **Filigosa e Abealzu.** Nel periodo corrispondente all'età del rame (Eneolitico o calcolitico) si svilupperà la cultura di **Monte Claro.** Successivamente (1800-1700 a.C.) la cultura di **Bonnanaro** si affiancherà alla fase iniziale dell'età nuragica.

Se non si vuole, però, incorrere in un eccessivo schematismo torna utile ricordare che si deve far riferimento ai dati peculiari delle varie successioni culturali (cioè stili e caratteristiche dei manufatti e delle costruzioni) senza escludere né le sovrapposizioni delle tecniche né la continuazione e modificazione delle culture precedenti. I venticinque secoli anteriori all'età nuragica, e che hanno fornito reperti archeologicamente rilevanti, sono individuati dai nomi delle località in cui sono stati ritrovati dei reperti particolarmente significativi ed evidenzianti delle caratteristiche e particolarità poi riscontrate anche in altri siti coevi. Numerosi manufatti (di pietra o ceramica) risalenti alle predette culture sono attualmente esposti nei vari musei sardi compresi quelli civici. La raccolta più numerosa delle ceramiche prenuragiche si trova esposta nelle sale del Museo Archeologico di Cagliari.

La cultura di ***Bonu Ighinu*** prende il nome da una località del Comune di Mara (SS) dove sono stati rinvenuti, negli anni '70 del secolo scorso (all'interno della grotta *Sa ucca de su tintirriolu*), reperti archeologici attribuiti al periodo del Neolitico medio (circa 4500-3300 a.C.). L'utilizzo di piccole grotte naturali come sepolture (due le località che hanno consentito lo studio delle pratiche funerarie : Cuccuru s'Arriu di Cabras e una grotta a Oliena), primi segnali di agricoltura, fabbricazione della ceramica con accurata cottura e superficie lucida nera o comunque scura, ciotole spigolose e vasi dall'ampia apertura sono i segni distintivi di questa cultura. Particolare attenzione veniva dedicata anche alla decorazione delle ceramiche (a fresco o dopo la cottura) consistente nelle minuziosa incisione di puntini o piccoli segmenti. Particolari anche le statuine ricavate da tufo, alabastro o arenaria e riproducenti figure femminili piuttosto obese. Gli esemplari di questi piccoli idoli rinvenuti finora (alti mediamente una decina di centimetri) sono circa una ventina. La cultura di Bonu Ighinu si diffuse poi in varie altre località: Cagliari, Iglesias, Carbonia, Thiesi, Olbia, Cabras, Decimoputzu, Samassi, Alghero, Ploaghe, Perfugas. La durata della cultura di Bonu Ighinu si è presumibilmente protratta per oltre un millennio.

La cultura di ***Ozieri o di San Michele*** prende il nome dalla grotta nei pressi di Ozieri dove vennero scoperti alcuni reperti archeologici con originali caratteristiche. La sua durata si estende nel periodo compreso tra il 3200 e il 2800 a.C. Si tratta della cultura pre-nuragica maggiormente diffusa in Sardegna e nel cui ambito si collocano un centinaio di località. Non si può tracciare un solco netto fra la cultura di Bonu Ighinu e quella di Ozieri, in quanto la seconda presenta delle caratteristiche riscontrabili nella precedente e di questa, per certi versi, ne costituisce una evoluzione. Dai riscontri antropologici si perviene all'ipotesi che nel periodo interessato dalla diffusione della cultura di San Michele, la Sardegna abbia accolto nuove popolazioni e che queste siano state portatrici di quelle novità (ceramica, abitazioni, pratiche funerarie) che hanno   costituito   i capisaldi del   cambiamento intervenuto. Notevole fu il cambiamento nelle abitazioni che videro il passaggio dall'utilizzo di ripari sotto roccia (diffusamente utilizzati dalle popolazioni di cultura Bonuighinu) alle capanne raggruppate in villaggi di una certa estensione (San Gemiliano di Sestu, Cuccuru s'Arriu di Cabras) dove sono state individuate le tracce delle basi in pietra delle capanne. Di altri villaggi se ne può dedurre l'esistenza (pur in assenza di tracce) nelle vicinanze di estese necropoli: Anghelu Ruju nei pressi di Alghero, Montessu nel territorio di Villaperuccio. La particolare attenzione delle popolazioni di cultura Ozieri - San Michele per il culto dei morti è evidenziato dalle tombe ipogeiche (*domus de janas*), scavate nelle rocce tenere di tufo o calcare, nelle rocce di trachite e in pochissimi casi nelle rocce di granito. In numerose località le *domus de janas* sono dislocate in prossimità l'una dell'altra sì da formare delle vere necropoli. La distribuzione delle *domus de janas* è la risultante dello strato roccioso delle varie regioni dell'Isola e ciò giustifica l'elevata distribuzione in certe zone piuttosto che in altre. La Gallura, che è caratterizzata dalla massiccia presenza di rocce granitiche, presenta una densità di gran lunga inferiore, ad esempio, alla zona del sassarese. Molte tombe ipogeiche presentano le volte e le pareti impreziosite da incisioni che riproducono gli ambienti domestici, con dettagli delle travature di legname delle abitazioni; altre decorazioni riproducono teste taurine e spirali, false porte, ecc.

Complessivamente le domus le janas   superano   le

duemila unità. Di seguito, una elencazione delle necropoli più importanti: *Anghelu Ruju* (una quarantina di domus) nei pressi di Alghero sulla S.P. 42; *Montessu* (una trentina di domus) in prossimità della S.P. 80 tra i comuni di Villaperuccio e Narcao; *Sant'Andrea Priu* (una ventina di tombe), a circa 10 km. Da Bonorva nei pressi della S.P. 43, dove, tra l'altro, si può ammirare la Tomba del capo con una superficie di oltre 200 metri e 18 vani; *Su Crucifissu Mannu* (15 tombe), a 5 km. da Porto Torres nei pressi della SS 131; *Sas Concas* (una ventina di tombe) nel territorio di Oniferi (NU) SS 128 e SS 131; *Monte Siseri* (studiata nel 1989), a 10 km. circa da Putigari (SS) nei pressi della S.P. 12: giustamente famosa la Tomba de s'Incantu. Numerose necropoli sono state utilizzate non solo nel periodo San Michele, nel quale sono state scavate, ma anche nei periodi successivi, come risulta da numerosi reperti rinvenuti e appartenenti sia al periodo Ozieri-San Michele, sia a quello Monte Claro e, in alcuni casi anche all'età nuragica. Nel caso della Tomba del Capo (necropoli di Sant'Andrea Priu) l'utilizzo come chiesa rupestre si è protratto sino al periodo bizantino (500-600 d. C.). Alla cultura di San Michele, si attribuisce anche l'iniziale utilizzo dei **menhir** (monoliti che possono superare i 5 metri di altezza) conficcati nel terreno per segnalare o delimitare necropoli, villaggi, dolmen. La località che presenta la maggiore concentrazione dei menhir (o **perdas longas**) è Goni (NU), dove si trovano (in località Pranu Mutteddu) oltre 50 esemplari.

Nel periodo che si estende dal 2500 al 1800 a.C. circa (età del rame) si sviluppano in Sardegna la cultura di Filigosa , quella di Abealzu e la cultura di Monte Claro. La cultura di **_Filigosa_** prende il nome dalla omonima località (nei pressi di Macomer NU) dove sorge una necropoli, ai piedi della collina nella cui sommità si erge il nuraghe Ruju. Filigosa non si discosta molto dalla precedente cultura Ozieri-San Michele: entrambe si sovrappongono in alcune località, compreso il maestoso altare terrazzato di _Monte d'Accoddi_. Rispetto alle tipologie caratterizzanti il precedente periodo Ozieri-San Michele, la cultura Filigosa evidenzia delle specificità derivanti dall'influenza esercitata dallo stile (facies) del vaso campaniforme, che all'epoca pare sia penetrato anche nell'Isola. Alle tombe ipogeiche del periodo Filigosa, si accede in qualche caso attraverso dei corridoi (_dromos_); durante questo periodo (sia Filigosa che Abealzu) si fabbricano oggetti (punte di frecce, pugnali) sia utilizzando l'ossidiana che il rame e il piombo; si costruiscono villaggi con capanne e si innalzano muri a difesa dell'insediamento.

La cultura di **_Abealzu_** (località nei pressi di Osilo SS) pur essendo distinta da quella di Filigosa almeno per quanto riguarda la posizione stratigrafica dei manufatti, si sovrappone alla precedente e anche alla più remota cultura di Ozieri-San Michele. Le tombe Abealzu sono spesso riutilizzi degli ipogei funerari precedenti; reperti attribuiti a tale cultura sono stati rinvenuti, oltre che a Osilo, anche ad Alghero, Benetutti e ancora nel tempio a piramide tronca di Monte d'Accoddi Seguono la Cultura di Monte Claro e quella di Bonnanaro , i cui inizi si potrebbero collocare, la prima attorno al 2.300 a.C. e la seconda al 1700 a.C.: ci troviamo nel periodo che sfocerà in quello nuragico e che vede il diffondersi sia dell'uso del rame che (successivamente) quello del bronzo. La cultura di **Monte Claro** è così chiamata in quanto nella collina eponima che sorge nel centro abitato di Cagliari venne alla luce una tomba ipogeica durante gli scavi del 1905 per la costruzione di Villa Clara, l'ospedale psichiatrico. Sono una decina le località che hanno conservato le tracce di questa cultura, tra i siti più interessanti si ricordano il villaggio di San Gemiliano a Sestu , Monastir, Mogoro, Cabras, Simaxis. Si attribuiscono a questa cultura, oltre che alcuni villaggi e necropoli ipogeiche, anche resti di costruzioni megalitiche. Nel museo archeologico di Cagliari sono conservate numerose interessanti ceramiche rivenute nell'ipogeo di Monte Claro, in Località Sa Duchessa e in via Basilicata (Cagliari), oltre che a Sestu e Monastir.

La cultura di **Bonnanaro** prende il nome da una tomba rinvenuta in località Corona Moltana (comune di Bonnanaro) dove alla fine del 1800 venne trovato il corredo funebre costituito da una ventina di vasi, difformi rispetto a quelli attribuiti alla cultura di Monte Claro (sebbene risalenti all'incirca allo stesso periodo) e maggiormente affini ai caratteri che contraddistinguono la cultura del *Vaso Campaniforme*. La metà circa di questi vasi sono attualmente custoditi presso il Museo di Cagliari e i restanti reperti sono esposti nel Museo di Sassari. Testimonianze (reperti ceramici trovati quasi esclusivamente in tombe e grotte naturali) riferibili alla cultura di Bonnanaro sono state rinvenute in altre località sparse in diverse zone dell'Isola. Il periodo di Bonnanaro è caratterizzato altresì dai nuraghi a corridoio, di cui si contano oltre un centinaio di esemplari. Le due culture summenzionate che hanno preceduto la nascita della grande epopea nuragica si sono naturalmente estese per diversi secoli, anticipando, con la costruzione di muraglie e recinti megalitici, quella che diverrà la tecnica costruttiva delle torri nuragiche nei secoli successivi. Attorno alla metà del II millennio, il Mediterraneo occidentale, Sardegna compresa, venne interessato da un imponente fenomeno di espansione delle popolazioni provenienti dal Vicino Oriente. Stando alle più accreditate ricostruzioni fatte finora, gruppi umani orientali abbandonarono i loro territori spinti forse dalla febbre dei metalli o da eventi bellici tipo invasioni di altri popoli provenienti o dal nord o dall'est asiatico o in seguito a catastrofi naturali (terremoti o siccità prolungata vengono additati come probabili cause). Le motivazioni sottostanti questi imponenti movimenti di diverse popolazioni sono di difficile interpretazione, ma resta sempre valido lo scopo commerciale o la ricerca di nuovi territori da colonizzare dopo decenni o secoli di frequentazioni inizialmente dovute alle necessarie soste lungo le rotte marittime. La conseguente diffusione culturale appare scontata. 41

I **Micenei** in un primo momento e i **Fenici**

successivamente sono stati assidui frequentatori degli approdi lungo le   coste facilmente accessibili della Sardegna meridionale (nel tratto che va dal golfo di Cagliari a quello di Oristano), spinti forse dalla necessità di sfruttare le risorse naturali e di incrementare i loro scambi commerciali. Inevitabile la conseguente propagazione dei relativi impulsi culturali. Diffusione commerciale e culturale che potrebbe avere interessato le zone costiere mediterranee dell'Europa occidentale tutta, con un traffico così organizzato e vasto da far pensare a una vera e propria egemonia economica.

Con riferimento ai contatti tra i Micenei e l'Isola una prova di tali rapporti ci è pervenuta attraverso il ritrovamento di perline di pasta vitrea e cocci di ceramica smaltata ritrovati nella tomba dei giganti ubicata in località San Cosimo, una vallata posta ai confini dei territori comunali di Gonnosfanadiga e Arbus; un altro frammento di statua a Decimoputzu ha confermato queste frequentazioni. Tracce ancora più numerose della presenza micenea sono state ritrovate recentemente nel territorio di Sarroch (nuraghe Antigori). Si discute anche attorno a dei lingotti di rame a forma di pelle di bue disseccata che potrebbero avere origine cipriota; in conclusione i rapporti commerciali fra la Sardegna e i popoli del mediterraneo orientale sembrano ampiamente confermati già attorno al XII secolo a.C.

Monte d'Accoddi

Durante il periodo che vide il diffondersi della Cultura

di San Michele, parecchi   secoli prima che avesse inizio l'età nuragica, le popolazioni insediatesi nella parte settentrionale della Sardegna frequentavano assiduamente un edificio sacro, che sorgeva nella piana della Nurra a nord di Sassari,per assistere a funzioni religiose. Sulla sommità di una collina, Monte d'Accoddi, sorgeva un   edificio di dimensioni considerevoli, a forma di *ziqqurat:* una piramide tronca sulla cui sommità è probabile che esistesse una sorta di altare dedicato alla divinità (Dea Madre?) cui venivano dedicati periodicamente dei riti propiziatori che, considerata l'epoca, con molta probabilità erano accompagnati da sacrifici di animali, senza che si possano escludere anche i sacrifici umani. L'edificio presenta delle misure piuttosto singolari e imponenti: la base misura 38 metri per 32: l'altezza della struttura è di oltre 8 metri; la rampa di accesso alla sommità è lunga 42 metri e larga da 7 a 14 metri. Si è di fronte indubbiamente a un edificio le cui dimensioni conducono alla conclusione che si trattava di un tempio sacro, utilizzato per funzioni e riti assolutamente importanti, e frequentato da numerose comunità stanziate sull'intero territorio dell'Isola. "Se infine l'interpretazione del grande edificio di Monte d'Accoddi come un grande altare a terrazza è – come pare – degna di essere accolta, viene da considerare anche che, mentre i normali culti relativi alle tombe sono da ritenersi a carattere familiare o di clan, qui ci troveremmo di fronte, invece, a un culto di ben più ampia portata, interessante forse, data la sua grandiosità

43

e la sua unicità, tutti gli individui delle varie tribù appartenenti alla cultura di Filigosa e poi a quella di Abealzu, situate in varie parti dell'Isola" (Ercole Contu - La Sardegna preistorica e nuragica – Carlo Delfino Editore - vol. I pag. 296).

Età Nuragica.

Può essere utile un quadro sinottico dell'epoca nuragica che si è soliti suddividere in quattro fasi: la *fase arcaica (1800-1600 a.C.)* , *il nuragico medio (1600-850 a.C)*, *il tardo nuragico (850-550 a.C.) e il nuragico finale(550-238 a. C.)*. Si tratta di una ripartizione che ha l'obiettivo d'individuare le fasi e i cambiamenti più significativi verificatisi durante questo periodo della storia della Sardegna che si è sviluppato per circa 15 secoli, abbracciando sia l' Età del bronzo che la parte iniziale dell'Età del ferro, naturalmente nella cronologia riferita alla lavorazione e all'utilizzo di questi due metalli in Sardegna. Il periodo interessato dalla prima fase dell'età nuragica, quella arcaica, coincide con la durata, all'incirca, della cultura del vaso campaniforme in Sardegna. Bene ricordare comunque che la diffusione di uno stile o tecnica (relativi ad esempio alla fabbricazione della ceramica) ha fatto registrare per l'Isola periodi difformi rispetto ad altre parti dell'Europa, accumulando anche diversi secoli di ritardo, imputabile, vale la pena di sottolinearlo, ai contatti probabilmente né regolari né frequenti con le altre popolazioni del Continente europeo. Il periodo del nuragico medio (esteso per oltre 700 anni) è contrassegnato dalla costruzione di nuraghi sia semplici (inizialmente) che complessi (nella fase finale), di tombe megalitiche, di capanne circolari, pozzi sacri e ceramiche incise a pettine. Sono ascrivibili a questo periodo anche importazioni di ceramiche micenee. Attorno alla fase finale del nuragico medio (IX secolo) si fanno risalire i primi approdi di genti fenicie. Il tardo nuragico (850-550 a. C.) coincide con il periodo nel quale si colloca l'affermazione di élites aristocratiche (bronzetti di guerrieri e nuraghi complessi) termina all'incirca con gli sbarchi e la successiva invasione da parte dei cartaginesi. La fase finale (o di sopravvivenza) termina con l'occupazione della Sardegna da parte di Roma (nel 238 a.C.), che finalmente riuscì a concretizzare il suo disegno di annessione dell'Isola in seguito alla vittoriosa prima guerra punica (264 – 241 a.C.), e grazie all'appoggio ricevuto dai mercenari cartaginesi ribelli, di stanza in Sardegna.

Abbiamo citato la cultura di Bonnanaro accennando alla edificazione in diverse aree della Sardegna dei protonuraghi, cioè costruzioni megalitiche a corridoio, la cui evoluzione nel tempo sfociò nei primi nuraghi propriamente detti, cioè quelle costruzioni di una torre troncoconica con il solo utilizzo di pietre senza fare uso di malta. Con il tempo si perfezionò la copertura della volta utilizzando massi in sostituzione del legname (e frasche) utilizzato nei primi nuraghi; si parla in questo caso di nuraghi con copertura a ***tholos***, cioè a falsa cupola.

Uno degli aspetti che maggiormente colpisce anche il più distratto dei visitatori è l'ininterrotta presenza dei nuraghi che punteggiano il paesaggio sardo, soprattutto quello dell'interno dove si rileva la maggiore densità delle torri megalitiche. I circa settemila nuraghi attualmente visibili – numero davvero notevole anche se in buona parte malridotti – sono particolarmente concentrati nella Trexenta e nel Marghine con una densità che sfiora un edificio ogni chilometro quadrato, contro una presenza di un nuraghe ogni quattro chilometri quadrati come media regionale. Sono quasi assenti le zone prive delle torri nuragiche, mentre buona parte del Campidano e della Gallura hanno una presenza di un solo esemplare ogni dieci chilometri quadrati. Si può comunque affermare che il nuraghe costituisce per la Sardegna quasi un elemento naturale, si trova lì da sempre e da sempre ha sollevato interrogativi, ancora senza una risposta certa. Ma sia la preistoria che la storia priva di documentazione scritta, sebbene possa essere letta da un'archeologia scientifica, non si lascia facilmente interpretare in modo esaustivo. Impossibile individuare le scelte e le motivazioni che hanno spinto quelle antiche genti a edificare tante e tali torri nuragiche. Una visita, anche se limitata a uno solo dei nuraghi tra i più imponenti, non farà altro che aumentare i nostri dubbi e perplessità, ma che non possono che essere accompagnati dall'ammirazione per queste costruzioni. Si parla di regge nuragiche; si pensa ai nuraghi come palazzi residenziali o per difesa; a torri per l'avvistamento e per il controllo del territorio, a magazzini per le derrate, per gli attrezzi e le armi. Si ritiene che si tratti di costruzioni adibite a tombe, a luoghi di culto; a officine di metallurgia del bronzo utilizzato per forgiare armi soprattutto nel periodo finale dell'età nuragica quando ascesero al potere le caste dei guerrieri. E perché non pensare che i nuraghi monotorre costituissero una sorta di segnalazione dei confini? A supporto di questa ultima interpretazione può tornare utile soffermarsi su una suggestiva idea avanzata dal grande archeologo britannico Andrew Colin Renfrew che - riflettendo sul significato e le motivazioni dei monumenti megalitici del neolitico in Portogallo – avanzò l'ipotesi che si fosse in presenza di costruzioni collocate con lo scopo di stabilire l'appartenenza di un territorio a un determinato clan con elementi ben visibili. Si tratterebbe di monumenti utilizzati come tombe collettive che rinviavano agli antenati – occupanti precedenti - che nel passato si erano stanziati nelle porzioni del territorio contrassegnato dai monumenti megalitici e sancirne così il possesso. Il caso del Portogallo - il cui territorio è limitato dalla presenza dell'oceano – può essere esteso alla Sardegna, esistendo anche nell'Isola un limite (costituito anche qui dal mare) alla ricerca di nuove terre. Il risultato appare scontato ed è costituito dalla necessità costante di difendere il proprio territorio e non soltanto da invasori esterni. A ciò va ad aggiungersi anche la volontà di auto identificarsi e distinguersi – per lo meno con la scala delle dimensioni mantenendo intatto o quasi lo stile originario – tra gruppi adiacenti. Il periodo nuragico ha abbracciato un arco di tempo così ampio che la costruzione di migliaia di torri – di cui almeno un centinaio di dimensioni decisamente imponenti – potrebbe essere legata a diverse motivazioni e destinazioni, dal momento che lungo i secoli saranno certamente cambiate le esigenze politiche, economiche, religiose. Può essere cambiata la finalità di questi edifici megalitici, ma resta evidente il mantenimento – nei suoi tratti essenziali - dello stile originario che ha favorito la diffusione lungo un millennio e oltre della tecnica costruttiva *nuragica*. Il Palazzo come costruzione che accentra al suo interno il potere economico, militare e religioso, ha avuto significativi riscontri sicuramente durante il periodo d'oro dell'età nuragica. Anche se durante quei tre, quattro secoli di supremazia e di guida politica e militare delle famiglie aristocratiche (cui appartenevano, quasi certamente, i guerrieri) residenti nei più importanti ed estesi centri nuragici (Orroli-Arrubiu, Barumini-Su Nuraxi, Abbasanta-Losa, Torralba-Santu Antine, Alghero-Palmavera, Gonnesa-Seruci, Villanovaforru-Genna Maria, i più estesi) una vera e propria organizzazione cittadina non è mai sorta. Il villaggio - se consideriamo la limitata estensione della maggior parte degli insediamenti nuragici ad eccezione dei siti sopra indicati e di pochi altri - si fermò al livello di puro supporto alle esigenze della famiglia dominante e rimase luogo di aggregazione limitatamente al clan familiare o, tutt'al più, alla tribù. Difficile pensare che una frammentarietà così generalizzata potesse essere accorpata in entità omogenee e coese. L'inevitabile conseguenza fu l'impossibile nascita di organizzazioni assimilabili alle città stato. Si può pensare al tentativo, da parte dei gruppi familiari più potenti, di organizzare una sorta di federazione per prevenire e dirimere le inevitabili contese, sicuramente derivanti dalla gestione e sfruttamento dei territori confinanti. C'è da supporre, comunque, che qualsiasi tentativo di aggregazione cantonale non può che aver avuto risultati limitati e sporadici. Questa frammentazione non poteva, di conseguenza, che agevolare i popoli meglio organizzati politicamente e militarmente che, spinti dall'esigenza di proteggere e incentivare i loro commerci, intrapresero una graduale ma decisa azione di conquista della Sardegna.

Notevole e di elevata fattura, fu la produzione dei bronzetti (la cui datazione viene collocata tra il IX e il VI secolo a.C.): oltre 300 esemplari si possono ammirare nei musei archeologici di Cagliari e Sassari. Essi costituiscono una incredibile raccolta di opere d'arte (soprattutto quelli risalenti al periodo d'oro della civiltà nuragica e che raffigurano eroi, guerrieri e capitribù) e sono ormai conosciuti in tutto il mondo. I bronzetti più recenti rispecchiano la classe sociale più modesta dei committenti e raffigurano vere e proprie scene di vita quotidiana. I bronzetti sono oltremodo importanti come documentazione storica in assenza di qualunque documentazione epigrafica. I bronzetti maggiormente conosciuti sono esposti nel Museo Archeologico di Cagliari e fra essi ricordiamo (tra parentesi la località di rinvenimento dei reperti): *Il capotribù*; *Madre con figlio*; *Arciere* (Santa Vittoria di Serri); *Guerriero con 4 occhi, 4 braccia e doppio scudo*; *I due arcieri*; *I due guerrieri* affiancati che impugnano la spada (Santuario nuragico di Abini – Teti); *Barchette votive* (Bultei); *Guerriero con scudo e spada*; *Capotribù con mantello, spada e bastone nodoso*; *I due lottatori* (Uta); *La madre dell'ucciso* (Olbia); *Il suonatore itifallico* (Ittiri).

La società.

Appare un'impresa ardua quella di enfatizzare le capacità delle popolazioni nuragiche per l'organizzazione e la pratica commerciale sia all'interno che, a maggior ragione, verso l'esterno della Sardegna. Aver ritrovato nell'Isola reperti provenienti da altre regioni mediterranee o, viceversa, aver rintracciato in altre territori continentali esemplari dell'artigianato nuragico (ad esempio, bronzetti) potrebbe non essere sufficiente per avallare ipotesi che collocherebbero la Sardegna al centro di intensi traffici marittimi. L'epoca nella quale si è sviluppata la civiltà nuragica (tralasciando il tardo nuragico e il nuragico di pura sopravvivenza) è soprattutto un'epoca di economia di pura sussistenza, di baratto locale o, tutt'al più, di una economia di scambio di doni anche con altre genti esterne che necessariamente dovevano servirsi degli approdi sardi come scali tecnici nei loro lunghi viaggi lungo le rotte sotto costa.

Le attività economiche principali esercitate dalle genti nuragiche hanno sicuramente riguardato l'allevamento e la pastorizia e le attività derivate, come ad esempio le attività artigianali di tessitura della lana (in aggiunta all'utilizzo del lino) e della concia delle pelli. L'agricoltura faceva parte anche essa dell'economia dell'epoca; la pesca soprattutto rivierasca e nei corsi d'acqua dell'interno avrà affiancato la caccia; come notevole peso avrà avuto la raccolta dei frutti spontanei, delle erbe e delle piante graminacee.

Se le ridotte dimensioni dei villaggi e la quasi certa azione di contrasto nei confronti dei vicini per l'utilizzo dei pascoli, sono state cause d'impedimento al sorgere di una civiltà cittadina, ad esse va aggiunto anche la mancanza di una vera e propria élite di potere che sola, forse, avrebbe potuto esercitare un ruolo di aggregazione più estesa e profonda. Il culto dei morti (la santificazione degli antenati), sembrerebbe uno degli elementi unificatori della società nuragica, che ha trovato nella religione, o meglio in un condiviso corpus di credenze e riti, una base solida che spesso è sfociata nella edificazione e poi nella plurisecolare e regolare frequentazione dei templi sacri (Monte d'Accoddi, Santa Vittoria di Serri, numerosi Pozzi Sacri, ecc.).

E vennero i Fenici e i Punici

Non è agevole stabilire una cronologia attendibile dei primi insediamenti fenici in Sardegna. E' comunque importante, in difetto di attendibili riscontri archeologici, rilevare la presenza di sbarchi esplorativi a partire dalla metà del IX secolo in alcuni centri della costa sud occidentale destinati a notevole espansione. Cominciamo da Nora, a sud del golfo di Cagliari e la cui fondazione si può ricondurre alla necessità di poter disporre di un utilissimo e ben protetto scalo marittimo, in una posizione ideale e simile a quella di tutte o quasi tutte le colonie fenicie. L'epoca di questo primo insediamento fenicio in Sardegna la si ricava dalla famosa stele di Nora i cui caratteri hanno permesso un'attendibile datazione che si colloca appunto attorno all'850 a.C. La stele ricavata da una lastra di arenaria, ritrovata nel Capo di Pula, riporta un'iscrizione di otto righe nella terza delle quali, partendo da destra verso sinistra sono state individuate le lettere corrispondenti a SRDN, che risulta essere la più antica menzione del nome Sardegna. Tale importante reperto è ora esposto nel Museo Archeologico Nazionale di Cagliari. Un'altra località frequentata dai navigatori fenici come scalo lungo le rotte commerciali fu Sulcis, l'attuale Sant'Antioco. Anche in questo caso venne individuato un approdo sicuro, nei pressi di uno stagno, la cui prossimità costituiva un'altra delle caratteristiche presenti nella scelta degli approdi fenici. Le iscrizioni rinvenute a Sulcis spostano la loro datazione a non prima dell' VIII secolo. Eccezionale importanza ha il *tophet* dove sono state rinvenute centinaia di urne e stele funerarie. Sulcis fu un centro fenicio che ebbe una notevole importanza sia per il controllo delle coste vicine, sia per l'entroterra. A tale scopo si procedette nella costruzione di piazzeforti, come quella edificata sul Monte Sirai, quattro chilometri distante dalla costa. Questo insediamento venne poi accresciuto e rinforzato successivamente dai cartaginesi, una volta subentrati ai colonizzatori fenici. Terzo centro (solito approdo al riparo dai venti, sorto su un promontorio, quello di San Marco, sulla propaggine settentrionale del golfo di Oristano) è Tharros. I ritrovamenti di tombe e di una imponente cinta muraria a difesa dall'entroterra portano alla conclusione che già dall'VIII-VII secolo a.C. i Fenici diedero l'avvio al loro insediamento. Altri centri di più recente fondazione furono Cagliari e Bithia (nei pressi di Chia). Per quanto riguarda Cagliari, restano ancora oggi visibili solo la necropoli di Tuvixeddu, il ritrovamento di un'iscrizione nel Capo di Sant'Elia e resti di un'altra necropoli che sorgeva nel colle di Bonaria. Altre eventuali tracce degli insediamenti fenici sono state sicuramente cancellate dall'espansione urbanistica della città. A San Sperate una necropoli fu individuata nel 1800 e in quel sito venne rinvenuta la famosa maschera ghignante databile attorno a V secolo, e tutt'ora custodita nel Museo Archeologico di Cagliari. **Le città fenicie erano dunque dislocate lungo la fascia costiera sud occidentale** dell'Isola e non poteva essere diversamente considerata la secolare vocazione delle popolazioni fenicie per gli scambi commerciali, soprattutto quelli marittimi. Il commercio dei prodotti dell'artigianato fenicio con i prodotti degli allevatori nuragici e, forse, con i metalli (rame?) e altri minerali era stato l'obiettivo principale dell'occupazione del suolo sardo. Il commercio unito alle necessarie attività artigianali che trovavano spazio all'interno delle città, costituiva la base dell'economia fenicia. Inevitabili anche i tentativi di penetrazione fenicia nelle zone interne, o perlomeno distanti dai centri rivieraschi, ma

53

sempre senza evidenti obiettivi di conquista militare. Col passare del tempo la presenza fenicia si estese su tutto quel lunghissimo tratto costiero che dal golfo di Cagliari arriva oltre il golfo di Oristano, sulla cui estremità a nord, nel capo San Marco, venne fondata Tharros; la zona d'influenza commerciale comprendeva comunque anche buona parte del Campidano. La parte centrale e orientale della Sardegna restava invece una zona sotto il controllo nuragico che attorno al V secolo a.C. stava attraversando una fase di declino cui seguirà il conseguente ripiegamento verso le zone montuose interne. In quello stesso periodo le città fenicie sorte in Sardegna, erano diventate autonome dalla madrepatria che, da parte sua, si vide costretta ad allentare i rapporti con i lontani coloni in quanto altri problemi stavano sorgendo; le popolazioni stanziate nei territori alle sue spalle (popoli assiri), premevano e si espandevano in cerca di nuove terre da occupare.

A voler sintetizzare il significato dell'occupazione fenicia, si può affermare che l'attività commerciale che seguì alla presenza in Sardegna di quel popolo particolarmente intraprendente e attivo venne accettata dalle popolazioni nuragiche senza eccessive resistenze. Fu una pacifica e opportuna condivisione di una attività poco praticata dalle genti sarde, che da essa trassero esclusivamente i marginali vantaggi derivanti dagli scambi dei prodotti, senza peraltro abbandonare la propria collaudata forma di un' economia rurale e tendente all'autosufficienza. Il modello organizzativo delle città fenicie sorte nell'isola non innescò un analogo processo di aggregazione economica e politica fra le comunità indigene. I nuragici, infatti, continuarono ad abitare in semplici capanne a ridosso dei nuraghi; non adottarono la scrittura; non estesero, adattandoli, i modelli di organizzazione delle città fenicie ai loro villaggi: l'età nuragica perdurò immutata ancora per qualche secolo sino alla sua lenta, totale estinzione. Le popolazioni sarde vennero a conoscenza di nuove forme di aggregazione sociale, nuove forme di economia e di artigianato, ma non ne furono conquistati; continuarono a preferire un orgoglioso e indipendente stile di vita, eccessivamente legato alle tradizioni e conseguentemente restio ai cambiamenti.

Un'altra realtà politico-economica stava intanto aumentando considerevolmente il suo potere. Cartagine (dal fenicio Qart Hadasht, in greco Karchedòn e in latino Carthago), sorta sulla costa nord africana a circa 20 chilometri dall'attuale Tunisi), dopo circa due secoli dalla sua fondazione ad opera anch'essa di popolazioni fenicie, aveva ormai assunto un ruolo egemonico nello scacchiere del Mediterraneo occidentale. Le popolazioni relativamente vicine, di etnia berbera, vennero col tempo assorbite dall'espansionismo cartaginese e passarono sotto il suo totale controllo. Le mire espansionistiche di Cartagine sfociarono nella occupazione della Sardegna contemporaneamente alla crisi che colpì le attività commerciali fenicie, in parte imputabile alla presenza sempre più estesa dei greci nel bacino occidentale del Mediterraneo. Le stesse città stato fenicie esistenti nell'Isola sollecitarono una presenza più attiva di Cartagine, in seguito all'indebolimento delle città (Tiro, Byblos, Sidone) e comunità fenicie dell'area siro-libanese e alla conseguente cessazione di ogni residuo contatto con la lontana e indebolita madrepatria. Cartagine intervenne, in un primo tempo, a difesa delle città e, successivamente, trasformò questa presenza in una vera e propria occupazione militare; il suo ruolo di città-stato era ormai ritenuto indispensabile e quindi accettato dalle città fenicie esistenti in Sardegna minacciate dall'espansione della potenza greca nel Mediterraneo occidentale.

Indispensabile si era rivelato anche il controllo e l'assoggettamento - sebbene parziale e con esclusione delle zone interne dell'isola - delle popolazioni indigene sarde che davano segni d'insofferenza per il monopolio commerciale esercitato dalle città fenicie cui seguiva spesso la penetrazione nei territori retrostanti la fascia costiera. La prima spedizione cartaginese (540 a.C.), guidata dal comandante Malco, motivata, come detto, dall'intervento diretto a soffocare la crescente ribellione dei sardi, si rivelò fallimentare per l'esercito punico che dovette ritirarsi in seguito alla decisa resistenza opposta dalle popolazioni locali. L'insediamento fenicio di Monte Sirai – trasformato in fortezza e presidio militare - utilizzato dai cartaginesi, venne conquistato dai sardi e gli invasori furono costretti al ritiro e al conseguente rimpatrio. Il generale Malco, in seguito alla disfatta militare, venne destituito. Salì al potere Magone, vero fondatore dell'imperialismo cartaginese. Vent'anni dopo, i cartaginesi fecero un secondo tentativo d'invasione, stavolta riuscito, con un esercito guidato da Asdrubale e Amilcare (figli di Magone). Questa volta i sardi, duramente sconfitti, si ritirarono nelle zone interne, abbandonando, tra l'altro, la fortezza nuragica di Barumini, che venne distrutta dall'esercito punico.Quella cartaginese si manifestò subito come una occupazione militare molto più profonda ed estesa della precedente penetrazione commerciale fenicia. Dopo la conquista, Cartagine mise in atto un piano di massiccio ripopolamento delle zone occupate deportando un elevato numero di genti nord africane (di etnia berbera) che vennero impiegate nella coltivazione del grano nell'estesa, e in parte incolta, pianura del Campidano. Venne subito avviata una decisa operazione di disboscamento per favorire la monocoltura del frumento e fu fatto divieto assoluto di mettere a dimora degli alberi, con pene severissime per i trasgressori.

Un trattato politico-commerciale stipulato, nel 509 con Roma, riconobbe a Cartagine il diritto esclusivo del commercio con la Sardegna: l'Isola venne inserita nel territorio metropolitano punico. L'occupazione cartaginese della Sardegna e il suo controllo sono ormai sostanzialmente assicurati, se si escludono le zone più interne dove le popolazioni nuragiche continuavano fieramente l'opposizione al dominio punico. Le città fenicie che prosperarono per alcuni secoli grazie al commercio e all'artigianato, vennero rinforzate militarmente dai cartaginesi unitamente a nuovi insediamenti; in quanto divenuta ormai una potenza navale di prim'ordine, Cartagine aveva la necessità di disporre di scali marittimi bene attrezzati e difesi. Unitamente alla difesa costiera, venne organizzato anche un sistema di fortificazioni lungo i confini con i territori interni centro-orientali. Lo scopo era quello di difendere le zone agricole, soprattutto il Campidano, dalle frequenti incursioni delle mai domate popolazioni dell'interno che continuavano nelle loro scorrerie verso le pianure. Le opposizioni all'invasore cartaginese, col tempo si attenuarono e anche gli abitanti della zona interna (individuata dai successivi conquistatori romani col termine Barbagia) andavano assumendo una posizione meno bellicosa e maggiormente aperta ai contatti con le popolazioni insediate nelle zone costiere e in quelle agricole. C'è da supporre che anche i cartaginesi pervennero alla conclusione che assoggettare in modo definitivo le popolazioni sarde resistenti costituiva impresa troppo ardua e trovare una spartizione (più o meno esplicita) delle rispettive zone d'influenza, poteva costituire una praticabile e conveniente soluzione. Troppo impervie le zone in cui trovarono rifugio i nuragici, troppo difficile far fronte con truppe regolari a una tattica di guerriglia che sicuramente i sardi non avevano alcuna difficoltà a praticare.

La nuova etnia originatasi dai contatti, dalla convivenza e fusione delle popolazioni fenicie orientali, autoctone e, a seguire, libiche e puniche africane la possiamo denominare sardo-punica. Questo processo d'integrazione sfociò, va da sé, in una crescente collaborazione delle varie componenti che col tempo mise fine a quella iniziale e decisa opposizione verso i nuovi colonizzatori, permettendo anche alle popolazioni nuragiche di rientrare parzialmente in possesso delle zone tempo addietro abbandonate, per sfuggire alle truppe cartaginesi.

L'integrazione fra le varie componenti etniche ebbe delle conseguenze anche sul piano religioso, tanto che alcune divinità del mondo fenicio-punico si sovrapposero a quelle indigene sfociando in culti unitari. Esempio di questa unificazione fu l'identificazione della divinità nuragica Babay con la divinità cartaginese Sid, al culto del quale fu dedicato il tempio di Antas, attorno al 500 a. C., sorto nei pressi di un villaggio nuragico in una profonda vallata nei pressi di Fluminimaggiore e che fu scavato e ricostruito a partire dal 1967 sotto la guida del prof. Ferruccio Barreca. Il tempio di Antas venne ricostruito e utilizzato in epoca romana nel I secolo d.C. e successivamente (III secolo) ristrutturato come attestano i frammenti di una iscrizione collocata sull'epistilio, e dedicata all'Imperatore Marco Aurelio Antonino (Caracalla) che ordinò il restauro dell'edificio sacro attorno al 213. Nell'area del tempio e nelle sue immediate vicinanze sono state rinvenute numerose monete romane (oltre un migliaio), diversi doni votivi quali oggetti d'oro, amuleti di stile egizio, punte di frecce, e numerosi frammenti di ceramiche. E' stata ritrovata anche una targhetta metallica riportante la dedica al Sardus Pater (nome col quale i romani indicavano Babay-Sid): *Sardo Patri Alexander Aug ser regionarius D D.*59

I giganti di Mont'e Prama

I maestosi guerrieri scolpiti su blocchi di arenaria in un periodo attorno al VII secolo a.C., vennero alla luce per caso dopo due millenni e mezzo dalla loro collocazione in un'area adibita a necropoli nell'entroterra di Tharros. Nel 1974 un contadino della zona, mentre dissodava il suo terreno con l'aratro, fece il primo casuale ritrovamento. Per trent'anni i circa quattromila frammenti ritrovati in seguito ad alcune campagne di scavo, attesero di essere restaurati. Solo alcune delle statue, attorno al 1980 dopo il necessario restauro, vennero esposte in varie mostre. Attualmente numerosi guerrieri sono visibili nel civico museo di Cabras e nel museo archeologico di Cagliari. Il ritrovamento dei giganti di pietra fa discutere gli archeologi sull'attribuzione di questa originale forma di statuaria, anche perché non esistono analoghi esempi attribuibili né al popolo nuragico né ai fenici. L'area nella quale sono venuti alla luce questi interessanti reperti era adibita a necropoli: sono state scavate circa una trentina di tombe a pozzetto, originariamente coperte da grosse lastre di arenaria chiara, materiale analogo a quello utilizzato per scolpire le statue. Secondo taluni archeologi, probabilmente siamo di fronte a un particolare tipo di necropoli in cui venivano glorificati gli appartenenti a uno o più clan dove i guerrieri ricoprivano un ruolo di primo piano. Il periodo cui attribuire i Giganti è quello in cui si stavano consolidando i rapporti tra i fenici, insediati a Tharros, e le popolazioni nuragiche dislocate nel Sinis.

Naturalmente i misteri dell'archeologia prediligono spesso i tempi lunghi per arrivare a una generalizzata e condivisa attribuzione e collocazione cronologica di reperti particolarmente originali, come nel caso di queste misteriose sculture di cui si conoscono pochi altri esempi nell'area mediterranea.

La conquista romana

Come tutte le grandi potenze del passato, anche Cartagine si avvalse in maniera massiccia di truppe mercenarie che, periodicamente, organizzavano dei violenti ammutinamenti cui seguivano scorrerie, furti, saccheggi e uccisioni che causavano vittime sia tra le popolazioni dei territori occupati sia tra gli stessi comandanti. Attorno alla metà del III secolo a.C., si ribellarono le truppe mercenarie di stanza in Sardegna che si abbandonarono inevitabilmente a delle azioni di una ferocia inaudita, tanto da provocare una ferma reazione da parte dei sardi e dei civili cartaginesi che riuscirono a tenere a bada i rivoltosi, costringendoli poi alla fuga in Italia dove offrirono il loro appoggio a Roma per la conquista della Sardegna. Fu un pretesto che Roma aspettava da tempo per poter intervenire con le sue truppe e dare inizio alla campagna militare per l'invasione dell'Isola (238 a.C.). Cartagine, com'era prevedibile, non accettò di buon grado questo colpo di mano militare di Roma e tentò di organizzare una spedizione per riconquistare la Sardegna. Il tentativo rientrò presto in seguito alla minaccia di Roma di riprendere le ostilità e di dettare condizioni ancora più gravose di quelle applicate in seguito alla vittoria ottenuta sulla flotta cartaginese qualche anno prima nelle acque antistanti le isole Egadi.

Termina così la dominazione cartaginese in Sardegna che, unitamente alla Corsica, diventa la prima provincia romana d'oltremare. Alla conquista della Sardegna da parte di Roma, seguirono ulteriori tentativi di Cartagine di riprendersi la sua antica colonia, fomentando continue rivolte dei sardo-punici contro i nuovi dominatori. La più nota di tali rivolte fu quella che nel 215 vide la ribellione capeggiata da Amsicora e da suo figlio Josto: la guerra ebbe termine con la disfatta dell'esercito sardo-punico nella battaglia di Cornus (territorio di Cuglieri) che pose fine alle vicende storiche della Sardegna punica.

Sotto il dominio romano, la Sardegna e i suoi abitanti, soprattutto al Sud sempre più sardo-punici, continuarono a restare fedeli alle tradizioni (religione, attività economiche, lingua, costumi) e allo stile di vita precedenti; in questo agevolati anche dalla decisione di Roma di non modificare la struttura amministrativa esistente all'epoca della dominazione cartaginese. Questo attaccamento al passato fu decisamente più profondo e duraturo nelle zone costiere e in quelle di più antico insediamento fenicio, nelle quali i contatti e le unioni fra i vecchi e nuovi gruppi etnici favorirono un'integrazione molto profonda. Resta il fatto che, anche a distanza di oltre un secolo dall'insediamento della potenza romana in Sardegna, i problemi di totale assoggettamento e controllo delle tribù barbaricine non vennero del tutto risolti. Vero è che i contingenti militari romani si installarono anche nelle zone limitrofe a quelle più calde, ma i *sardi pelliti* rimasero a lungo un problema, in un continuo alternarsi di lunghi periodi di relativa pacificazione con altri di più difficile gestione. Segno evidente di questo continuo alternarsi di periodi di pace con altri piuttosto turbolenti, è documentato, tra l'altro, dal variare dell'autorità preposta all'amministrazione della Sardegna: ancora agli inizi del I secolo d. C., l'Isola passò da provincia senatoria a provincia imperiale considerata la situazione esistente che richiedeva decisi interventi militari per il ripristino della normalità. Alla conquista della Sardegna, seguì una riforma agraria, almeno per ciò che riguardava lo status giuridico dei terreni agricoli che vennero dichiarati *Ager publicus populi romani*. Una parte consistente venne comunque lasciata ai vecchi proprietari latifondisti che vennero sottoposti a una tassazione pari alla decima parte dei prodotti raccolti. La coltivazione del frumento il cui prodotto veniva prevalentemente diretto all'approvvigionamento di Roma, mantenne la caratteristica di monocoltura, come lo fu nel periodo della dominazione cartaginese. Questa specializzazione influì negativamente sull'economia agricola in quanto vennero scoraggiate altre coltivazioni, favorendo nel contempo i latifondisti che utilizzavano lavoratori schiavi o in stato servile nelle loro estese proprietà. In epoca imperiale, numerosi latifondi divennero proprietà personale degli imperatori o di membri della famiglia imperiale che dirottavano buona parte dei prodotti verso la capitale, destinando modeste quantità al mercato locale. La romanizzazione della Sardegna si concretizzò in una serie di importanti lavori pubblici, in primo luogo con la costruzione di strade che attraversavano in lunghezza l'intero territorio provinciale, collegando le città costiere meridionali ai centri di Olbia e di Turris Libisonis (l'attuale Porto Torres). Vennero abbellite e ingrandite anche le antiche città di origine fenicia, fornendole di edifici pubblici, tra cui anfiteatri e terme, i cui resti sono ancora visibili a Nora, Tharros, Cagliari, Fordongianus. Altro evidente segno – sicuramente il più indelebile e duraturo - della penetrazione romana, che con l'andare del tempo coinvolse l'intera Sardegna - comprese le zone interne che comunque furono coinvolte molto tardivamente - rimane la lingua dei romani trasfusa in quella sarda, che ancora oggi evidenzia la radice latina pur con le inevitabili e consistenti sovrapposizioni con l'aragonese, il catalano e il castigliano che i quattro secoli di *occupazione iberica* hanno apportato.

Tramonto di Roma e invasione vandalica

L'annessione della Sardegna da parte di Roma era più che giustificata dalla necessità di approvvigionamenti continui di grano per sfamare sia la popolazione della capitale che gli eserciti impegnati su molteplici fronti di guerra e controllo dei territori. La Sardegna, come del resto anche la Sicilia, aveva una lunga tradizione di coltivazione del frumento che venne ancora più incentivata dalle esigenze alimentari che Cartagine aveva palesato nel lungo periodo della sua dominazione nell'Isola. Un altro motivo che spinse Roma all'occupazione della Sardegna era rappresentato dalle città fondate dai fenici lungo la fascia costiera sarda e che costituivano delle prede ambite grazie alla loro posizione strategica a presidio dei traffici marittimi. Una volta che l'impero romano imboccò il lungo cammino della crisi e del successivo declino, il ruolo strategico ed economico della Sardegna, soprattutto come base navale e granaio di Roma, tornò ad essere assolutamente marginale nello scacchiere politico del Mediterraneo; la sua importanza declinò e l'Isola venne lentamente e irreversibilmente abbandonata a se stessa.

Nel 410 i Visigoti guidati da Alarico, che da decenni erano in continuo movimento entro i confini dell'Impero romano, spesso come esercito federato altre volte come orda devastatrice, approfittando della crisi dell'esercito imperiale in seguito all'uccisione del comandante Stilicone e alla incertezza politica che ne seguì, si mossero verso Roma che subì un terribile saccheggio durato soli tre giorni, ma con esiti disastrosi. Il *sacco* di Roma da parte dei *barbari* sconvolse gli uomini del tempo, che lo interpretarono come una punizione divina e l'inizio di un nuovo destino a cui l'Occidente sarebbe stato chiamato.

Nel 455, violentemente scomparso l'imperatore romano d'Occidente Valentiniano III, Roma conobbe il saccheggio dei Vandali, già saldamente insediati in Africa. I Vandali occuparono ciò che era la Provincia romana d'Africa, in pratica l'intero territorio nord africano, in aggiunta alla Sicilia, Sardegna, Corsica e Baleari; Cartagine divenne la capitale del regno. Il loro dominio in Sardegna, che durò circa ottant'anni, veniva esercitato con la forza delle armi ed era diretto all'esazione di gravosi tributi a carico delle popolazioni conquistate, senza dare eccessivo peso all'amministrazione dei territori occupati: venne preferita, almeno nei primi tempi, un'azione di pura e semplice spoliazione e vessazione delle popolazioni sottomesse.

Primo obiettivo dei nuovi conquistatori fu naturalmente quello di pervenire al completo controllo delle città più importanti, per l'esazione di tributi che è facile immaginare particolarmente esosi. Anche le terre più fertili e remunerative divennero, in parte, oggetto di acquisizione al patrimonio personale del re vandalico. Non fu, quello dei Vandali, comunque un possesso privo di problemi, dal momento che l'opposizione esercitata dalle genti barbaricine non tardò ad emergere in tutta la sua complessità. Per farvi fronte venne nominato un luogotenente fornito di pieni poteri militari e civili, con l'incarico di tenere a freno le ribellioni delle popolazioni interne: cambiavano i dominatori, ma le opposizioni e le incursioni dei sardi barbaricini, si ripetevano regolarmente.

Il re dei Vandali, Genserico, la cui gente aveva già da tempo abbracciato il credo Ariano, decise di condurre una politica moderatamente permissiva, costringendo alla conversione solo i funzionari statali, ma lasciando libertà di culto al resto delle popolazioni conquistate. In contropartita di questa semilibertà di culto, impostò il sistema erariale in maniera piuttosto pesante sia nei confronti delle ricche famiglie romane sia del potente e ricco clero cattolico nord africano. Genserico regnò per circa 50 anni; i suoi successori alternarono periodi di tolleranza religiosa ad altri di assoluta intransigenza. Durante il regno di Trasamondo (496-523) ripresero le persecuzioni contro i cattolici e nel 507 un centinaio circa di ecclesiastici furono costretti all'esilio in Sardegna. Tra costoro figuravano anche diversi vescovi, compreso il vescovo di Cartagine, il vescovo di Ruspe (Fulgenzio) e quello di Ippona che fece trasportare a Cagliari le reliquie di Sant'Agostino, dove furono custodite per oltre duecento anni. Le spoglie del santo vennero poi traslate a Pavia nella Basilica di San Pietro per metterle al riparo dalle incursioni saracene che nell'VIII secolo erano particolarmente frequenti in Sardegna. Nel 530 il governatore della Sardegna, Goda, avvertendo il pericolo di una guerra dell'impero Bizantino contro il regno dei Vandali, dichiarò il distacco dell'isola da Cartagine; si autoproclamò re e offrì la sua sottomissione all'imperatore di Costantinopoli, Giustiniano.

Nel 533 una flotta inviata dal re dei Vandali, Gelimero, sconfisse la resistenza di Goda che fu giustiziato. Finì così il primo effimero regno di Sardegna. L'anno successivo (534), l'imperatore Giustiniano prese la decisione di riconquistare i territori nord africani occupati dai Vandali e mise il generale Belisario a capo della spedizione. Furono sufficienti pochi mesi per sconfiggere definitivamente il re Gelimero e porre così fine al regno Vandalico dopo circa un secolo di esistenza.

67

Il periodo bizantino

La sconfitta inflitta al regno Vandalico, consentì all'impero bizantino di annettersi i territori in precedenza inseriti nella Provincia del nord Africa (Africa latina), che prima della conquista vandalica facevano parte dell'impero romano d'Occidente; la Sardegna divenne una delle nuove sette province che vennero poste sotto l'autorità dell'Esarca (o Prefetto del Pretorio) d'Africa. Nell'Isola, l'amministrazione degli affari civili era sottoposta al Giudice provinciale (Judex provinciae o Praeses), mentre la direzione degli affari militari sottostava al Dux o Magister militum. Il ritorno della Sardegna nell'ambito dell'Impero Romano d'Oriente, non modifica assolutamente la situazione economica né quella sociale che proseguono il lento, ma costante percorso verso la decadenza.

Nel vuoto politico istituzionale che colpì la parte occidentale dell'impero romano, emerse con decisione il ruolo di una nuova potenza: la Chiesa di Roma che si propose, attraverso l'opera di grandi pontefici, tra cui Gregorio Magno, di rinnovare il ruolo di Roma come *caput mundi,* guida e autorità spirituale per tutta la cristianità, non disdegnando di contrapporsi all'imperatore d'oriente laddove questi tendeva a riconoscere al patriarca di Costantinopoli un ruolo ecumenico. Anche se in misura inferiore a quelli che colpirono l'Occidente, l'impero Bizantino si trovò dinanzi una serie di gravosi problemi legati all'immensità del territorio amministrato, alle pressioni esterne e ai problemi legati alla religione che l'imperatore si riservava di affrontare e risolvere.

Allo stesso modo in cui la Chiesa romana occupò il vuoto di potere che si era creato in Italia, in seguito alla decadenza dell'impero d'Occidente, analogo ruolo venne svolto anche in Sardegna con il graduale abbandono dell'Isola da parte di Bisanzio. Il pontefice Gregorio I , negli anni a cavallo tra il VI e il VII secolo, diede l'avvio a una profonda opera di conversione delle popolazioni sarde, soprattutto quelle barbaricine che si sapeva essere ancora legate ai culti pagani. Gli inviati in terra sarda dovettero scontrarsi anche con il Dux militare, la cui residenza era a Fordongianus (Forum Traiani) per sovrintendere ai problemi legati alle periodiche incursioni delle popolazioni interne che mai avevano abbandonato la loro vocazione per le scorrerie. Sembra che il Dux permettesse alle popolazioni pagane, assai numerose fra le genti sarde dell'interno, di continuare a praticare i propri riti in cambio di una specifica tassazione. La crisi dell'Impero d'Oriente nasceva in primo luogo dai contrasti con l'altra grande potenza ai confini orientali, la Persia; di difficile soluzione si rivelò anche la turbolenta situazione balcanica; senza dimenticare che il mondo islamico aveva iniziato la sua inarrestabile azione di espansione. Gli annosi conflitti con l'impero persiano richiedevano continui sforzi economici per il finanziamento dell'apparato militare. Le finanze imperiali erano ormai dissanguate e questa situazione era resa ancora più acuta dal malcontento delle truppe mercenarie che non ricevevano più regolarmente i compensi pattuiti. Per arginare i problemi legati al mantenimento dell'esercito, Bisanzio mise in atto una radicale riforma con l'*istituzione dei temi* che, all'interno di una articolata riforma amministrativa, prevedeva l'attribuzione ai soldati della proprietà ereditaria dei terreni agricoli (fondi) dietro il loro obbligo a prestare un servizio militare continuativo ed ereditario anch'esso. Solamente le province in grado di autofinanziare la propria difesa o quelle che facevano ricorso al servizio militare ereditario previsto dalla riforma, rimasero nell'orbita di Bisanzio. La Sardegna, eccessivamente lontana dal centro d'interesse dell'Impero, particolarmente turbolenta e anche poco redditizia, venne dimenticata e lentamente lasciata al suo destino. Quali tracce ha lasciato in Sardegna la dominazione bizantina? Sono numerosi gli edifici religiosi sorti durante il periodo bizantino: San Saturnino a Cagliari, la chiesa di Nostra Signora di Mesumundu di Siligo, Santa Sabina di Silanus, San Giovanni di Sinis. (Quest'ultimo edificio conserva in parte il nucleo originario paleocristiano - VI secolo - poi modificato e ampliato in epoca bizantina nel X secolo: questo gioiello architettonico si trova poco distante dall'area archeologica di Tharros). I bizantini lasciarono un'impronta duratura soprattutto nell'ordinamento amministrativo e nella religione in quanto nei territori dell'Impero erano diffusi i riti cristiano orientali. Fondamentale anche per i successivi secoli e per tutta quanta la cultura giuridica europea fu il riordinamento sistematico di tutto il diritto romano precedente. Per quanto riguarda la vita quotidiana delle popolazioni sarde, viene da pensare che poche cose siano cambiate durante e dopo la dominazione bizantina, come del resto avvenne in seguito alla conquista romana.

Dimenticati dai dominatori bizantini, i sardi si ritrovarono ad affrontare da soli i nuovi problemi derivanti dalle incursioni saracene e lo fecero rifugiandosi sempre più spesso all'interno, abbandonando le città costiere che un tempo furono popolose, ricche e attive. Le zone costiere e l'immediato entroterra, causa lo spopolamento, non beneficiarono più dell'attività agricola e le paludi lentamente ripresero ad espandersi. Le febbri malariche a loro volta tennero ancora più lontani i sardi da quel mare che non era mai stato per essi un'occasione di crescita, tranne che nei periodi in cui i popoli provenienti dal Vicino Oriente – area fenicia - approdarono in Sardegna, dove edificarono (a partire già dal IX secolo a. C.) le più belle (e in breve tempo ricche) città che i sardi avessero mai conosciuto.

L'età giudicale

A partire dal IX secolo, in seguito al completo disinteresse da parte dei Bizantini per la Sardegna e alla contemporanea comparsa della minaccia dei Saraceni con le loro continue incursioni, si concretizza nell'Isola un esperimento politico particolarmente interessante. Dopo oltre dodici secoli dalla fine della Civiltà nuragica si assiste alla nascita di piccole entità statali, i Giudicati, quattro minuscoli regni indipendenti sotto la

71

guida di altrettanti Giudici. Come già detto, il potere bizantino in Sardegna venne affidato a due governatori, quello militare (Dux) con sede a Fordongianus e quello civile (Judex provinciae) che risiedeva a Cagliari. Se consideriamo tale forma di governo, si potrebbe pensare che il Giudice civile, negli anni, abbia avocato a sé tutto quanto il potere, approfittando della cessazione dei rapporti di Bisanzio con la sua remota e poco appetibile provincia. Anche in seguito ai problemi legati alla successione e all'esigenza di presidio costante dei territori, non si può escludere un frazionamento dell'originaria Provincia Sarda istituita dall'Imperatore Giustiniano in quattro entità indipendenti che mantennero comunque tratti analoghi nella loro organizzazione amministrativa. Se gli avvenimenti hanno effettivamente preso questa direzione o si siano svolti in tutt'altro modo, continua ad essere materia di approfondite ed erudite discussioni da qualche secolo a questa parte, senza che si sia trovata la chiave per una univoca interpretazione dei fatti. I quattro Giudicati venivano identificati o con il nome della città più importante o con la denominazione dei rispettivi territori: *Giudicato di Cagliari, Giudicato di Arborea (Oristano), Giudicato della Gallura e Giudicato di Torres o del Logudoro.* La successione era ereditaria, ma sottoposta al consenso dell'Alto clero e dei potenti del Giudicato. Il Giudice era affiancato nella sua attività da alcuni funzionari, i più importanti dei quali erano: *l'armentariu de pegugiare* (che curava il patrimonio privato del Signore), *l'armentariu de rennu* (una sorta di ministro delle finanze), in aggiunta a uno stuolo di funzionari minori. Il territorio dei quattro Giudicati era suddiviso in *curatorie* (sessanta in totale) comprendenti diversi villaggi. La giustizia era amministrata in prima persona dal Giudice che spesso delegava questo compito ai responsabili delle curatorie, riservandosi i casi più importanti.

A complicare il lavoro degli storici che svolgono le loro ricerche per approfondire la conoscenza della Sardegna nel periodo giudicale, ha contribuito in maniera determinante l'assoluta mancanza di documentazioni relative alla nascita e all'evoluzione dei Giudicati dei primissimi secoli di vita. Questo vuoto documentale e archivistico si estende per oltre due secoli e impedisce una puntuale ricognizione sulla situazione sociale ed economica della Sardegna del periodo immediatamente successivo alla cessazione di fatto della dominazione bizantina. Solamente a partire dall'XI secolo, i documenti d'archivio consentono una attendibile disamina di numerosi atti, riguardanti contratti e donazioni di proprietà terriere; documenti conservati soprattutto nelle abbazie: questi registri sono noti col nome di Condaghi. Molte annotazioni si riferiscono all'assegnazione di terre comuni distribuite a sorte, permettendoci di conoscere aspetti della società dell'epoca che vedeva nella organizzazione delle attività legate all'agricoltura e all'allevamento il perno di tutta quanta la società. Nucleo fondamentale della società rurale dell'epoca era il villaggio, definito, più che da confini chiari e lineari, dai terreni di sua

pertinenza e dalle sue risorse che insieme costituivano un'entità economica e sociale bene individuata. Queste risorse andavano valorizzate e protette in quanto (difettando un commercio sufficientemente organizzato anche per mancanza di una massa monetaria atta ad alimentare gli scambi) vi era la necessità che ogni villaggio provvedesse al proprio fabbisogno dei beni, soprattutto quelli alimentari. Un'altra esigenza molto sentita era la difesa dai continui sconfinamenti delle greggi che spesso venivano indirizzate sui terreni coltivati con i comprensibili contraccolpi negativi sul raccolto. Si giunse pertanto a una regolamentazione consuetudinaria delle terre prossime al villaggio secondo modalità che potevano variare, ma che mantenevano inalterata la motivazione fondamentale che era quella di coinvolgere l'intero villaggio in un utilizzo razionale delle poche terre coltivabili salvaguardandole al contempo dagli atti di forza dei pastori che, essendo alla continua ricerca di pascoli, poco si curavano delle esigenze degli agricoltori. Consuetudine che diventava ancora più pressante in periodi di latitanza delle autorità governative dal loro compito di salvaguardia dell'ordine e della sicurezza del territorio. L'utilizzo razionale delle terre prevedeva la rotazione nella coltivazione e nel riposo, indispensabile pratica per ottenere una migliore resa; ma l'intera struttura mirava soprattutto al coinvolgimento dell'intero villaggio nella difesa dei diritti e delle esigenze comunitarie.
Di tutte queste esigenze si fecero carico i diversi

Giudici mediante l'emanazione di leggi che precisavano nei dettagli gli utilizzi delle terre. La più nota di tali legislazioni è la *Carta de Logu del Giudicato di Arborea* emanata nel 1395, sotto il regno di Eleonora. Le prescrizioni della Carta sono estremamente chiare: ai pascoli delle mandrie di vacche, maiali, capre e pecore sono riservati i terreni non coltivabili (*i saltus*) e comunque quelli lontani dai villaggi, o meglio, lontani dalla *habitacione* (che diverrà sotto la dominazione spagnola *bidattone* e successivamente denominato *vidazzone*). Con questo termine si identica dunque il terreno coltivabile nei pressi del villaggio, sottoposto a rotazione obbligatoria e suddiviso tra *habitacione de arari e habitacione de pascher bestiamene masedu*: il primo destinato alla coltivazione cerealicola e il secondo destinato a prato per il pascolo degli animali da tiro . Nel territorio comune tutto ciò che non è coltivabile viene anche indicato con il nome di *paberile*. Il territorio del Giudicato era suddiviso in alcune curatorie comprendenti diversi villaggi. Il Giudice, oltre alle incombenze di governo, accentrava nelle sua persona anche l'amministrazione della giustizia pur avvalendosi dei responsabili delle varie curatorie per dirimere e decidere i casi più semplici che interessavano i rispettivi territori di competenza. Il distacco della Sardegna dall'Impero bizantino provocò un lento, ma inarrestabile processo di abbandono dei riti della Chiesa cristiana orientale, che venne ulteriormente accelerato dall'arrivo in Sardegna di monaci Benedettini e di monaci appartenenti agli ordini dei

Vittorini, Camaldolesi, Cistercensi. Nel 1065 giunsero in Sardegna i primi monaci benedettini, in seguito alla precisa richiesta rivolta dal Giudice Barisone di Torres all'Abate di Montecassino. Il primo monastero benedettino fondato in Sardegna fu quello di Tergu (Sassari),dove poi venne edificata la chiesa di *Nostra Signora di Tergu* (in stile romanico) alla cui costruzione, ultimata attorno al 1117, lavorarono qualificate maestranze pisane. I monaci Vittorini vennero chiamati dal Giudice di Torres e si stanziarono in un primo tempo a Posada per poi spostarsi al sud, accolti dal Giudice di Cagliari, Orzocco, che donò loro alcune chiese, tra le quali la chiesa e il convento di San Saturnino a Cagliari (nel 1089). Contestualmente alla loro missione spirituale, i Vittorini non disdegnarono di occuparsi anche di traffici (si assicurarono la gestione del porto di Cagliari) e pervennero al controllo della produzione e del commercio del sale prodotto nelle saline cagliaritane. Un'attività, quella dello sfruttamento delle saline, che assicurava elevati utili ai monaci gestori anche grazie ai miseri salari che ricevevano le maestranza addette (meglio: comandate) all'estrazione e alla frantumazione del sale. Comparvero anche i Camaldolesi a Bonarcado e a *Saccargia*; i Vallombrosiani a *San Michele di Plaiano*, nei pressi di Sorso; i Cistercensi a Sindia (*santa Maria di Cabu Abbas)*. Queste comunità si stanziarono solitamente nelle zone rurali dove si dedicarono attivamente alla conduzione di ben organizzate tenute agricole e acquisendo, nel tempo, un notevole potere economico. Il potere dei Benedettini in Sardegna iniziò a vacillare attorno alla metà del XIII secolo quando i Pisani che estesero la loro supremazia su quasi tutta la Sardegna, incoraggiarono l'arrivo dei Francescani e dei Domenicani. Durante l'occupazione aragonese e, ancora di più, durante la dominazione spagnola, il monachesimo esistente venne pesantemente influenzato dalla decisione di porre i conventi sardi alle dipendenze di Superiori spagnoli.

Il vertice della struttura sociale nella Sardegna giudicale è occupato da una ristretta cerchia di *Maiorales* che oltre alla ricchezza vantano dei rapporti di parentela o amicizia con i Giudici. Godono di situazioni privilegiate che possono arrivare all'esenzione totale degli obblighi fiscali e spesso occupano posti di assoluto prestigio nell'amministrazione dei minuscoli regni. Le attività mercantili sono prevalentemente appannaggio dei pisani e genovesi, mentre i sardi non riusciranno, sc non saltuariamente, ad inserirsi in questa che appare una classe piuttosto esclusiva. Le uniche possibilità mercantili per i sardi pare fossero quelle legate al piccolo commercio. I pastori e gli agricoltori *in proprio*, sicuramente in numero limitato considerando l'estensione dei latifondi in mano ai ricchi possidenti e alle istituzioni religiose (diocesi e monasteri), non sempre erano in grado di raggiungere l'autosufficienza economica e spesso erano costretti a svolgere anche un lavoro salariato. La base più estesa e povera della popolazione era costituita dai servi. La condizione servile si concretizzava nella prestazione di quattro giornate lavorative alla settimana, restando le rimanenti tre per provvedere al procacciamento dei mezzi necessari alla propria sussistenza. L'obbligo del servaggio poteva essere diretto non necessariamente a favore di un solo padrone; non era raro, infatti, il caso delle prestazioni che venivano ripartite su più beneficiari. Lo stato servile scomparirà nel XIV secolo. L'aumento della circolazione monetaria, la colonizzazione rurale e la possibilità di riscatto del lavoro obbligato faranno cessare questo antico, avvilente e gravoso uso.

Fine del periodo giudicale. Pisa e Genova

L'età giudicale venne contraddistinta dall'ingerenza di Genova e di Pisa negli affari e nei commerci della Sardegna. Tale ingerenza, inizialmente limitata ai commerci, ebbe inizio nell'ultimo ventennio dell'XI secolo in seguito alla bonifica del mare sardo dalle navi corsare saracene, effettuata dalle flotte pisane e genovesi che accolsero l'appello del pontefice Benedetto VIII. La storia della Sardegna nel XII e XIII secolo è contrassegnata oltre che dalle rivalità fra i quattro Giudicati, anche dalle rivalità e dagli scontri sia delle due Potenze marinare che dalle varie alleanze che di volta in volta coinvolgevano ora l'uno, ora l'altro, tutti i protagonisti. I Giudici, senza grosse risorse finanziarie, senza flotta e senza alcun peso politico, non potevano che affidarsi alla protezione e all'assistenza delle due Potenze. Infatti in più di un'occasione sollecitarono l'appoggio militare e il sostegno finanziario ritenuti necessari, ma che andavano in un modo o nell'altro ricompensati. Le contropartite erano costituite da agevolazioni fiscali, autorizzazioni alla gestione delle risorse economiche, alla costruzione di abitazioni e fortificazioni, alla concessione di monopoli, ai matrimoni combinati degli appartenenti alle più facoltose famiglie pisane e genovesi con membri delle famiglie regnanti nei Giudicati sardi. La penetrazione nell'Isola delle due Repubbliche, le mire della Chiesa di Roma per impossessarsi a sua volta della Sardegna, le lotte e le rivalità fra i Giudici, portarono alla crisi, alla decadenza e al definitivo tramonto dell'epoca giudicale. E così, uno dopo l'altro, i Giudicati cessarono di esistere. Nel *1215* i Pisani ottennero dai Giudici di Cagliari, residenti nell'antica capitale di Santa Igia che sorgeva tra il colle di Tuvixeddu e lo stagno di Santa Gilla, l'autorizzazione a costruire nella collina di Castello, un quartiere fortificato (*Castrum Caralis*) destinato ad ospitare le abitazioni e le attività dei numerosi pisani.

Quarant'anni dopo, il Giudice Chiano concesse a Genova la rocca del Castello e questa decisione gli risultò fatale, determinando la sua fine (fu assassinato nel 1256). Il Giudicato sopravvisse ancora per due anni fino al *1258*, guidato da Guglielmo III, quando una coalizione composta da arborensi, galluresi e pisani attaccò S. Igia, distruggendola e ponendo fine al Giudicato. I suoi territori vennero suddivisi tra il Giudicato di Arborea, quello di Gallura e la famiglia Della Gherardesca, cui andò la regione meridionale.

Cagliari venne amministrata direttamente da Pisa. Entro la fine del secolo scomparvero anche il Giudicato di Torres e quello della Gallura. Il primo venne suddiviso tra le potenti famiglie liguri dei Doria e dei Malaspina; si salvò Sassari che divenne comune autonomo. Il Giudicato di Gallura verrà governato direttamente da Pisa. Solamente il Giudicato di Arborea riuscì a sopravvivere ancora per oltre un secolo, fino al *1420*. I Pisani, una volta rientrati in possesso del Castrum Calaris, avviarono una serie di opere per la fortificazione del borgo, per il rafforzamento delle mura e per l'edificazione di diverse torri che permettevano il controllo dell'intero golfo di Cagliari. L'architetto *Giovanni Capula (architector optimus et caput magister)* progettò le due magnifiche torri, quella dell'*Elefante* e quella di *San Pancrazio*, che si sono conservate praticamente intatte, costruite con massi di calcare bianco   provenienti dal colle di Bonaria. Tali opere di rafforzamento del Castello vennero eseguite in vista dell'arrivo in Sardegna dell'esercito aragonese, dato per scontato come ovvia conseguenza della *licenza d'invasione concessa al re Giacomo II dal papa Bonifacio VIII,* nel *1297.*

Dominazione aragonese e spagnola

Il Pontefice Gregorio VII, sul finire dell'XI secolo, rivendicò alla Santa Sede la sovranità sulla Sardegna e la Corsica, pretendendo e ottenendo il giuramento di fedeltà da parte dei quattro Giudici e la rinuncia da parte della chiesa sarda alla sua secolare autonomia. Questa rivendicazione papale venne confermata nel

1297 da Bonifacio VIII (*bolla Redemptor mundi*) che rilasciò licenza d'invasione a Giacomo II d'Aragona per consentirgli di prendere possesso del Regno di Sardegna e di Corsica che il Papa decise di istituire. Tale mossa politica, nelle intenzioni papali, avrebbe messo a tacere le pretese aragonesi verso la Sicilia. Soltanto dopo 25 anni dal *dono papale*, gli aragonesi decisero di perfezionare il possesso della Sardegna e con il loro esercito (nominalmente capeggiato dall'Infante Alfonso, giovanissimo figlio del re aragonese) conquistarono nel *1324* prima Iglesias e poi Castel di Carali, dopo lunghi assedi.

La base logistica degli assedianti aragonesi venne stabilita nel colle di Bonaria, dove vennero edificate la cittadella fortificata e una piccola cappella; attigua a questa chiesetta sorse, nel 1704, l'attuale Basilica di Nostra Signora di Bonaria. Ai Pisani fu concesso di continuare ad occupare il Castel di Carali a titolo di feudo, mentre il restante territorio passò ai nuovi conquistatori. Pisa, comunque, non si rassegnò facilmente alla perdita della sua colonia e tentò nei due anni successivi di rientrare in possesso di quanto aveva perduto. I tentativi si risolsero con nuove sconfitte che costrinsero Pisa ad abbandonare definitivamente Cagliari. Gli anni immediatamente successivi all'insediamento in Sardegna della potenza aragonese, videro ripetuti episodi di rivolta contro i nuovi dominatori che non nascosero la loro ferma intenzione di procedere speditamente alla trasformazione dell'Isola in una vera e propria colonia. Troppo impegnativa fu l'azione di conquista, dal punto di vista militare e dal punto di vista finanziario, e lo sforzo profuso non poteva che avere i suoi ritorni concreti, sì da costituire un immediato e riscontrabile peso nel prestigio che la Corona d'Aragona intendeva conseguire sotto lo sguardo attento delle potenze europee. Fu subito chiaro agli occhi delle popolazioni sarde, che i nuovi padroni, avevano un solo obiettivo, cioè quello di procedere allo sfruttamento dell'Isola. Esisteva una sola strada da percorrere, cioè quella della ripartizione del territorio tra i nobili aragonesi, finanziatori in parte dell'impresa, e tra i vari comandanti dell'esercito invasore. La Sardegna venne così suddivisa in feudi, nella grande maggioranza dei casi comprendenti pochi villaggi. Dalla infeudazione, subito avviata, rimase escluso il solo territorio appartenente al Giudicato di Arborea, che mantenne la propria autonomia fino alla sconfitta subita nella *battaglia di Sanluri del 1409.*

Il perno dell'organizzazione amministrativa nell'Isola era rappresentato dal Viceré, che svolgeva il ruolo di alter ego del sovrano aragonese, soppiantando nel secondo decennio del 1400, le precedenti figure dei due governatori: uno a presidiare il *Capo di sopra* (Nord Sardegna) e l'altro al comando del *Capo di sotto* (Sud Sardegna). Non potendo disporre di approfondite conoscenze delle procedure di esazione vigenti in Sardegna, né del loro livello e conseguente grado di soddisfacimento delle esigenze erariali della Corona, vennero inviati esperti funzionari amministrativi non tanto per fare una ricognizione del vecchio, ma per impiantare nuovi e più pesanti tributi. Insomma, l'urgenza dell'esazione consigliava di introdurre in Sardegna un sistema di tassazione di pronto effetto. Arrivarono anche artigiani, contadini, commercianti, con le rispettive famiglie al seguito, per ovviare allo spopolamento delle città più importanti che videro diminuire drasticamente il numero dei residenti in seguito all'abbandono della Sardegna da parte dei vecchi dominatori pisani. Per quanto riguarda Cagliari anche i residenti aragonesi che si erano insediati nel quartiere fortificato sorto sulla collina di Bonaria, vennero incentivati a trasferirsi nel Castello. Contemporaneamente venne regolato l'accesso dei sardi nell'acropoli con rigide disposizioni riguardanti anche gli orari di entrata e uscita nel Castel di Carali. Nel *1355* il re Pietro IV d'Aragona, in occasione del suo viaggio in Sardegna, decise l'istituzione del *Parlamento sardo*, organo legislativo del Regno che era composto dai rappresentanti delle tre classi (allora denominate col termine *bracci o stamenti)* più influenti nella società dell'epoca. Vennero convocati gli appartenenti al *braccio militare* (di cui facevano parte i feudatari), gli *ecclesiastici* (vescovi, abati, priori), e gli appartenenti al *braccio reale* (i deputati delle città libere, non infeudate). Il Parlamento venne poi convocato negli ultimi duecento anni della dominazione spagnola, all'incirca ogni dieci anni. Compito del Parlamento era quello di fissare il *donativo*, la tassa cumulativa che la Sardegna era tenuta a versare alla Corona. Il Parlamento poteva anche fare delle proposte legislative senza vincolo alcuno per il sovrano circa la loro approvazione. Il Parlamento sardo, in occasione della sua convocazione del *1421*, propose l'estensione della Carta de Logu in vigore sino ad allora nel Giudicato di Arborea, all'intero territorio del Regno di Sardegna. Tale proposta venne approvata dal re Alfonso il Magnanimo e restò in vigore anche sotto la dominazione sabauda, quando venne soppiantata con la promulgazione del codice approvato sotto il regno di Carlo Felice nel *1827*. Dalla conquista e fino all'ultimo quarto del XV secolo, cioè per oltre un secolo e mezzo, le sommosse, le rivolte e, in alcuni casi, anche le guerre, contraddistinsero i difficili rapporti tra le popolazioni sarde e le autorità aragonesi. I Giudici di Arborea si misero a capo di tali movimenti di ribellione, conducendo più d'una guerra, che spesso costrinse gli occupanti a rifugiarsi nelle loro due città fortificate, Cagliari e Alghero. Mariano IV, Ugone III e sua sorella Eleonora furono i paladini della ribellione sarda e, con la loro tenacia, rappresentarono per anni l'emblema della aspirazione all'indipendenza di tutta quanta l'Isola. L'esaltante periodo con il suo diffuso e profondo desiderio d'indipendenza ebbe fine nei primissimi anni del 1400, qualche anno dopo la morte di Eleonora d'Arborea. La battaglia di Sanluri mise fine a quel periodo di grandi ideali d'indipendenza, forse unico nella storia sarda: il Giudicato di Arborea cessò formalmente di esistere e venne trasformato nel marchesato di Oristano. Il dominio aragonese (durato circa 150 anni) fu caratterizzato dalla fiera opposizione delle popolazioni sarde guidate dai locali Giudici, sebbene in ordine sparso e con strategie spesso ambigue. La battaglia di Macomer, atto finale della ribellione condotta dall'ultimo marchese di Oristano, Leonardo Alagon, nell'estremo tentativo di ripristino dell'antico Giudicato di Arborea, chiuse definitivamente il contrasto tra aragonesi e sardi.

L'unificazione dei due regni di Aragona e di Castiglia segna l'avvio della dominazione spagnola in Sardegna che, a differenza di quella precedente, fu caratterizzata da un'accettazione relativamente rassegnata e passiva da parte delle popolazioni sarde, ormai private della guida dei ceti nobiliari che nel passato ricoprirono il ruolo di paladini dell'indipendenza dell'Isola.

La Corona d'Aragona, che costituiva una modesta entità nello scacchiere politico e militare dell'Europa, non dovette affrontare lunghe e sanguinose guerre con le altre potenze continentali. La Spagna, al contrario, venne coinvolta in varie occasioni in aspri e lunghi conflitti durante gli oltre due secoli nei quali la sua storia lambì, sfiorandola appena, quella della Sardegna. Le guerre comunque in un modo o nell'altro entrarono anche nell'Isola; vi entrarono la peste e i corsari barbareschi. E la Sardegna provò anche l'ingombrante e spietata presenza del tribunale dell'inquisizione.

Nel 1527 una flotta francese prese d'assalto Castel Aragonese (l'attuale Castelsardo) senza riuscire a penetrare nella Rocca; le truppe si diressero poi verso Sassari che venne saccheggiata brutalmente. Nel 1538 i Saraceni attaccano, conquistano e saccheggiano Porto

Torres, profanando la basilica di San Gavino. Qualche conseguenza della *Guerra dei trent'anni (1618-1648)* che vide la Spagna e l'Austria unite contro la Francia in un durissimo conflitto, interessò anche la Sardegna. Numerose navi (una quarantina) appartenenti alla flotta francese sbarcarono nel 1637 nei pressi di Oristano con l'obiettivo di procedere al rifornimento di cibo: non trovarono resistenza alcuna e la città venne saccheggiata. Intervennero da Cagliari le milizie isolane che, dopo aver messo in fuga i francesi, si lasciarono andare ad azioni di razzia che, a detta di qualche cronista dell'epoca, procurarono agli abitanti più danni di quanti non ne avessero creato gli assalitori stranieri.

Le incursioni barbaresche con saccheggi, furti e anche con la cattura di numerosi abitanti – venduti poi come schiavi - fu un'altra piaga che si protrasse per quasi tutto il periodo della dominazione spagnola. Risalivano comunque all'inizio dell'VIII secolo le prime avvisaglie delle incursione piratesche cui sarebbe rimasta esposta la Sardegna – unitamente ai territori rivieraschi dell'intero Mediterraneo occidentale, alla Corsica e alla Sicilia - e che si sarebbero verificate durante l'età bizantina, quella giudicale e a seguire quella aragonese e spagnola. A quelle prime ondate di azioni barbaresche – la prima documentazione al riguardo fa riferimento all'anno 703 con un probabile sbarco a Sant'Antioco - i sardi dovettero far fronte con le sole proprie forze, senza poter contare sulla protezione dell'ormai disinteressato impero bizantino.

Nella sua *Storia della Sardegna* Raimondo Carta-Raspi

scrive: " Le popolazioni interne e soprattutto i Barbaricini non avevano a temere dalle incursioni né dai tentativi di conquista: avevano resistito alle legioni romane, avevano contrastato le signorie vandale e bizantine. Altrettanto non era però per le città costiere e per i minori centri poco discosti dalle spiagge, continuamente esposti ai terribili assalti mussulmani. I nemici piombavano improvvisamente sulle coste, forti di decine di navi e prima ancora che la difesa entrasse in azione, incendiavano i legni ancorati nei porti, seminavano strage e rovina fra le popolazioni, predavano quanto trovavano e catturavano schiavi, specialmente donne per gli harem. Solo quando le vedette scaglionate lungo le coste riuscivano ad avvistare in tempo le navi, era possibile darne avviso e predisporre la resistenza: ma il più delle volte il nemico profittava delle tenebre e riusciva a sbarcare inosservato".

Solo grazie agli accordi stipulati dal governo inglese nel 1816 con i governatori (*Bey*) di Tunisi, Algeri e Tripoli si trovò finalmente un accordo per la cessazione delle scorrerie barbaresche.

Un tentativo di porre un freno al pericolo sempre incombente per i centri abitati lungo le coste della Sardegna fu quello di allestire una linea di avvistamento delle navi corsare. Tale piano di difesa rimase comunque incompleto in quanto si fermò alla costruzione delle torri nei punti ritenuti strategici per il controllo del litorale, senza fornire le necessarie guarnigioni militari che avrebbero potuto costituire un primo efficace ostacolo alle azioni di pirateria. Sotto il regno di Filippo II venne istituita, nel 1587, la Reale Amministrazione delle Torri che veniva finanziata con una tassazione aggiuntiva sul formaggio, la lana e il cuoio. Vennero costruite un'ottantina di torri litoranee, alcune delle quali ancora oggi esistenti e gradevolmente inserite nei paesaggi costieri, come ad esempio le torri di Bosa, Stintino, Teulada, Calasetta, Torre Grande ad Oristano, quella del Poetto, di Cala Domestica, di Capo San Marco, di Capo Malfatano, e molte altre ancora.

La peste, o meglio le varie epidemie di peste, che colpirono l'Europa dalla metà del 1300 fino a quella, forse la più grave, degli anni *1652-1656* contribuirono a ridurre drasticamente la popolazione dell'Isola. Quest'ultima epidemia si pensa abbia causato il decesso di circa ottantamila individui, cioè il 35-40 per cento dell'intera popolazione, senza alcuna distinzione di età o di condizioni sociali: fu una strage livellatrice. Per ringraziare il Santo che liberò Cagliari dalla terribile pestilenza che ridusse a poco più della metà gli abitanti della città, dal 1657 si celebra la famosa sagra di Sant'Efisio.

In Sardegna, come in tutti i territori cattolici, venne istituito il Tribunale dell'Inquisizione che dal 1563 trasferì la propria sede da Cagliari a Sassari. Non è difficile immaginare che il reato più diffuso fosse quello delle arti magiche e di stregoneria esercitate frequentemente dalle anziane donne soprattutto nei paesi. Le pratiche di medicina popolare con ricorso a intrugli di varie erbe era, quasi certamente, la base di

quell'antica tradizione tramandata per secoli nell' Isola e la cui delazione costituiva motivo di arresti notturni, lunghi soggiorni nelle carceri e inevitabili processi infarciti di dotte discussioni fra i giudici del supremo Tribunale. Discussioni durante le quali si cercava di estorcere *volontarie confessioni* dopo un periodo di detenzione contrassegnato da stiramento degli arti, ferri roventi e strappo delle unghie. Vittima illustre di quel perverso sistema giudiziario e religioso-politico fu un grande intellettuale, oltre che magistrato , Sigismondo Arquer, che venne arso nella piazza di Toledo il 4 giugno 1571. I motivi della condanna sono da ricercarsi, probabilmente, nelle inimicizie procurategli dal suo ufficio di avvocato fiscale, dalla sua schiettezza che lo porterà a scrivere, con riferimento agli ecclesiastici sardi dell'epoca: " ...*sacerdotes indoctissimi sunt...habent suas concubinas maioremque dant operam procreandis filiis quam legendis libris*".
L'annessione del regno di Sardegna alla Corona spagnola non ebbe grosse ripercussioni nella situazione economica degli abitanti dell'Isola, che non solo non migliorò, ma che in alcuni periodi fece anche qualche passo indietro. Pesava in maniera insopportabile lo stato di abbandono delle campagne per la maggior parte in mano ai feudatari spagnoli che il più delle volte risiedevano nelle città iberiche e che erano poco interessati a reinvestire parte dei loro profitti per l'ammodernamento dei possedimenti. Le città erano quasi completamente abitate da stranieri , di origine italiana o spagnola, che occupavano la vetta della

piramide sociale, mentre le zone rurali erano sempre più trascurate, oltre che dai feudatari anche dalle autorità governative. Unico vantaggio ottenuto in quel periodo dalle popolazioni rurali, era rappresentato dalla scomparsa dell'istituzione della servitù come sistema di prestazioni obbligatorie e gratuite. L'alternativa era rappresentata o dal lavoro salariato o dalla conduzione diretta di minuscole proprietà agricole o di piccole greggi. Il più delle volte il ricavato dell'attività svolta dall'intero nucleo familiare non era sufficiente ad assicurarne il sostentamento per cui si doveva ricorrere contemporaneamente al lavoro salariato e a quello autonomo. La differenza dei mezzi e delle risorse a disposizione dei cittadini era di gran lunga superiore alla frazione del raccolto utilizzabile dagli abitanti dei paesi, tenendo conto anche dell'obbligatorietà dei conferimenti cerealicoli agli ammassi. Questi ultimi erano diretti a soddisfare appunto le esigenze di quel mondo cittadino che sebbene dipendente, per le derrate alimentari, dal lavoro delle masse contadine, era assolutamente ignaro o incurante della situazione di estrema indigenza che attanagliava gli abitanti delle Villae (*biddas*). Le differenze aumentavano in continuazione e sempre più cresceva la diffidenza verso le Autorità, che venivano percepite, a ragione, come preposte alla salvaguardia degli interessi dei ricchi possidenti e dei residenti nelle città. Una nota positiva contrassegnò gli ultimi decenni della dominazione spagnola nell'Isola: durante il regno di Filippo III, furono istituite le università di Sassari nel 1617, e quella di Cagliari nel 1620; in quest'ultima i primi insegnamenti riguardarono la Teologia, la Medicina, la Filosofia e le Arti.

La Guerra di Successione spagnola (1701-1714) fu un conflitto causato dalla disputa dinastica in seguito alla morte senza discendenti del re di Spagna, Carlo II. La guerra vide contrapposti il regno di Spagna e quello di Francia contro la coalizione formata dall'impero Asburgico dall'Austria, Inghilterra, Olanda e dal Ducato di Savoia. Con il *trattato di Utrecht del 1713*, l'Austria ottenne la Sardegna, che era comunque già stata occupata nel 1708 in seguito all'invasione da parte della flotta inglese. In quell'occasione la città di Cagliari, nel mese di agosto, subì un bombardamento dimostrativo per affrettare la sua resa, poi concretizzatasi, e alla quale seguirà dopo alcune settimane analoga cessazione della resistenza di Alghero e di Castelsardo. In seguito al trattato di Utrecht (1713) e a quello di Rastadt (1714) i domini spagnoli subirono dei profondi rimaneggiamenti. Passarono all'imperatore d'Austria (oltre alla Sardegna come già detto) il regno di Napoli, il territorio di Milano e i Paesi Bassi; all'Inghilterra venne concessa Gibilterra; Vittorio Emanuele II duca di Savoia e del Piemonte si vide assegnare la Sicilia. La pace di Utrecht non chiuse definitivamente il conflitto tra le grandi potenze europee. Nel mese di agosto del 1717, infatti, la Spagna diede l'avvio con la sua flotta alla riconquista della Sicilia e della Sardegna. Alla fine di agosto gli spagnoli, incontrando poca o nulla resistenza da parte delle esigue truppe austriache presenti nell'Isola, occuparono Quartu Sant'Elena, per poi proseguire alla riconquista di Cagliari. Successivamente (ottobre) rientrano in possesso sia di Alghero che di Castel Aragonese (Castelsardo). La riconquista della Sicilia e della Sardegna da parte della Spagna darà inizio all'ultima fase della Guerra di successione che terminerà definitivamente nel 1720 con la sconfitta della Spagna e la *pace dell'Aja:* dopo quattro secoli cesserà definitivamente la dominazione spagnola in Sardegna.

La Sardegna sabauda

Il trattato di Londra del 1718, perfezionato all'Aja due anni dopo, prevedeva che

Vittorio Amedeo II di Savoia (noto con il nomignolo di Volpe Savoiarda) cedesse all'Austria la Sicilia in cambio della Sardegna e del titolo di Re ad essa pertinente. Seguì anche la legittimazione e il riconoscimento da parte della Chiesa del nuovo assetto, ma il "Re di Sardegna" manifestò subito la sua insoddisfazione per la modestia dell'acquisto. Tale malcontento si palesò subito dopo l'acquisizione dell'Isola e venne legittimato dalle relazioni che il primo Viceré, Filippo Guglielmo Pallavicino barone di Saint Remy, inviava alla corte di Torino: "... *la noblesse est pauvre, le pays miserable et depeuplé, le gentes sans aucun commerce...*". Decisamente un quadro piuttosto sconfortante ("nobili poveri, paese miserabile e spopolato, abitanti senza alcuna attività") cui si aggiungeva un clima notoriamente malsano che a

92

causa delle febbri malariche mieteva centinaia di vittime all'anno. Numerose le criticità legate al nuovo possesso e tutte da affrontare e risolvere per permettere un integrale assorbimento del Regno di Sardegna nello Stato sabaudo. Apparve subito chiaro che la collocazione giuridica dell'annessione non poteva ignorare il fatto che la Sardegna avrebbe continuato a godere di quella autonomia che, almeno formalmente, le proveniva dagli ordinamenti precedenti. Occorreva procedere gradualmente. Primo dei problemi che Amedeo II e il suo governo dovettero affrontare era rappresentato dall'esistenza di un consistente numero di feudi (circa la metà dei paesi e villaggi) in mano all'aristocrazia spagnola che, inutile dirlo, non aveva di certo gradito il passaggio dell'Isola alla Casa Savoia e che si dimostrò poco propensa al dialogo. L'aspetto riguardante l'ingombrante presenza della feudalità di origine spagnola, venne subito affrontato dai nuovi governanti, ma senza che si pervenisse a una soluzione globale concordata tra la Spagna e la Savoia. Si perfezionarono delle transazioni private tra antichi titolari dei diritti feudali e facoltosi aristocratici piemontesi, ma i contratti stipulati non furono numerosi. Un altro aspetto decisamente negativo era rappresentato dalla poca disponibilità subito palesata da parte del clero sardo a collaborare con le nuove autorità. Questa opposizione venne in parte attenuata con un accordo stipulato tra Casa Savoia e la Santa Sede, nel 1726, che regolamentava le nomine ai vescovadi in senso favorevole alla Stato sabaudo riconoscendo al Re

93

di Sardegna il ruolo di *protettore della chiesa* con la facoltà di proporre candidature ed esprimere il proprio gradimento delle designazioni alle più alte cariche religiose. Venne anche ribadita la regola (già applicata in epoca spagnola) che i vescovi fossero scelti tra il clero locale e che gli arcivescovi venissero scelti tra il clero "continentale". Alle difficoltà incontrate dai nuovi governanti nella gestione dei rapporti con i feudatari spagnoli e con il clero fortemente ostile, si aggiunse la consapevolezza che il livello di povertà dell'intera Isola non avrebbe garantito né un importo soddisfacente né una regolarità di entrate al fisco. La parte più rilevante delle entrate per le casse erariali era comunque rappresentata dal donativo (la cui istituzione risaliva al XV secolo, durante la dominazione spagnola). In origine l'importo del donativo veniva proposto al sovrano dall'assemblea degli Stamenti (Parlamento); durante il periodo sabaudo l'importo triennale era invece frutto dell'accordo diretto tra il Viceré e i tre più importanti esponenti (Voci) dell'antico Parlamento sardo, cioè l'Arcivescovo di Cagliari, il Feudatario di più alto rango e il rappresentante di Cagliari. Le altre entrate fiscali provenivano dai dazi sulle importazioni e le esportazioni (formaggio, pelli, lana, frumento). Non mancavano le difficoltà dovute all'enorme distanza (dati i mezzi di comunicazione dell'epoca) che separavano l'Isola dai territori piemontesi.

I vantaggi che la Casa Savoia poteva ottenere dal nuovo acquisto territoriale si palesarono, dunque, subito modesti, e nel contempo apparve precaria la situazione dell'ordine pubblico a causa di una diffusa criminalità organizzata, soprattutto nelle zone settentrionali, in bande che seminavano terrore da lungo tempo. Nel 1736 prese possesso della carica di viceré, il marchese di Rivarolo che si propose una sistematica azione di repressione del banditismo, con il ricorso a truppe dell'esercito, con l'occupazione dei villaggi dove era in atto una qualche faida o dove si pensava esistessero delle complicità tese a favorire i ricercati. Il Rivarolo sintetizzò con una formula molto semplice quello che era il comune sentimento dei nuovi dominatori nei confronti della società sarda (quella dell'interno, naturalmente): pastori = banditi =insicurezza = povertà. La soluzione di questo problema era piuttosto semplice, agli occhi del viceré: occorreva una legislazione straordinaria, una lotta decisa e spietata cui far seguire condanne immediate ed esemplari. La legislazione straordinaria mirava a colpire le persone e a modificare leggi, costumi e consuetudini. In questa scia, nacque il *pregone delle barbe*, che prevedeva l'obbligo della rasatura per chiunque avesse la barba risalente a oltre un mese, da cui ne discendeva l'obbligo della rasatura – per lo meno mensile - per tutta la popolazione. Chiunque fosse trovato in difetto veniva multato. Solita semplice equivalenza del marchese: le barbe spesso impediscono il riconoscimento dei latitanti, via le barbe, individuati i latitanti! Venne ribadito l'istituto dell'*incarica*, l'antica norma che rendeva corresponsabili le comunità rurali e gli autori dei delitti che avvenivano nell'ambito territoriale del villaggi punendo la mancata consegna alle autorità dei presunti colpevoli dei reati commessi. S'introdusse anche la norma che consentiva a chiunque (compresi i ricercati!) di catturare un fuorilegge latitante: vivo o morto.

I tre anni di permanenza del marchese di Rivarolo in Sardegna furono contrassegnati da un regime di estremo rigore e di assoluta mancanza delle formalità giuridiche; aumentò invece la spettacolarità della giustizia. L'arrivo del Marchese nelle città veniva anticipato con l'erezione del palco che avrebbe visto l'esecuzione dei condannati. Lo stesso viceré procedeva a emettere la sentenza dell'arrestato e non perdeva occasione di assistere personalmente all'esecuzione.

I centri abitati dell'interno e del nord Sardegna sospettati di connivenza con i briganti, venivano sottoposti a sistematici rastrellamenti e indiscriminate perquisizioni. Altro aspetto di macabra teatralità: l'esposizione dei cadaveri dei giustiziati per diversi giorni sulla pubblica piazza.. Nel suo tour nei piccoli centri dell' interno, il Marchese era solito farsi accompagnare dal suo medico personale (a causa della cagionevole salute), da un giudice e dal boia che era fornito di un patibolo portatile per le esecuzioni fuori programma. Le esecuzioni capitali portate a termine nel periodo del soggiorno del Rivarolo in Sardegna, furono diverse centinaia. Occorre comunque non dimenticare il fatto che in quel periodo venivano compiuti in Sardegna non meno di quattrocento omicidi l'anno, migliaia di furti di bestiame, numerose razzie da parte di bande armate, in aggiunta a un numero incalcolabile di reati minori. I risultati furono sì eclatanti, ma non risolutori del problema. I rastrellamenti venivano aggirati sia con la fuga temporanea in Corsica, sia con la maggiore organizzazione che i briganti seppero contrapporre alla caccia grossa: aumentarono i contatti e i collegamenti; la solidarietà nei confronti dei ricercati sfociò spesso in una maggiore omertà di interi paesi e in una diffusa complicità a difesa dei latitanti. In effetti, i successori del Marchese non poterono far altro che segnalare al governo centrale, decenni dopo la cura Rivarolo, che la situazione del brigantaggio in Sardegna rimaneva fuori controllo. Il Rivarolo ebbe, tra una esecuzione capitale e l'altra, anche il tempo di affrontare l'annoso problema del sottopopolamento dell'Isola. Nel *1738* concluse un accordo con gli abitanti (di origine ligure) che risiedevano da circa due secoli nell'isoletta di Tabarka, prospiciente l'omonima città tunisina, perché prendessero possesso e abitassero l'isola di San Pietro. La maggior parte dei tabarchini, guidati da Angelo Tagliafico, fondarono *Carloforte*, così chiamata in onore del re Carlo Emanuele III che concesse loro la possibilità di insediarsi nell'isola (chiamata un tempo isola degli sparvieri, Enosim per i fenici). A quella importante colonizzazione, nel *1770* seguì la fondazione di *Calasetta* da parte dei rimanenti tabarchini che trent'anni prima non vollero unirsi ai primi colonizzatori di Carloforte.

Il conte Bogino ricevette da Carlo Emanuele III l'incarico di ministro per gli Affari di Sardegna, carica che ricoprì dal 1759 al 1773. Tra suoi numerosi interventi volti ad accelerare l'uniformarsi delle consuetudini e leggi alle norme applicate nel territori continentali, è opportuno ricordare l'istituzione dei Consigli comunali eletti dai capi famiglia residenti nei paesi. Tale riforma non sempre apportò dei benefici alle comunità rurali, in quanto, sostituendo le deliberazion deliberazioni assembleari, delegava questo potere a pochi eletti che spesso adottavano decisioni clientelari e incrementavano divisioni e rivalità. Si deve al conte Bogino anche la riforma e il potenziamento dei *Monti Granatici*, istituzione risalente ai primi anni del 1600, e che il ministro individuò come efficace strumento per arginare il fenomeno dell'usura. Come già nel passato, la pastorizia, pur interessando circa la metà degli occupati nelle zone rurali, venne contrastata anche durante i quindici anni dell'incarico di Bogino. Un po' tutti quanti i governanti piemontesi individuavano in quella attività l'origine del banditismo, da cui ne derivava l'assoluta necessità di ostacolarla e impedirla, se possibile, in ogni modo. Con la salita al trono di Vittorio Amedeo III nel 1773, il conte Bogino venne rimosso dal suo incarico. Come ebbe a scrivere un suo biografo: "Integerrimo nell'amministrazione delle finanze...senza riguardi alle persone altolocate...fu temuto e odiato ... e per questo messo in cattiva luce... (tanto che il nuovo re Vittorio Amedeo III) ...lo tolse duramente di carica".

L'ultimo decennio del 1700 vide anche la Sardegna coinvolta nell'atmosfera politica e ideologica, delle grandi speranze e dei fatti bellici, che seguirono alla grande Rivoluzione francese. urono, quelli giunti in Sardegna, tenui afflati rivoluzionari e marginali episodi bellici, ma giunsero. E giunsero anche, nel 1793, le navi da guerra francesi che avevano l'obiettivo di occupare la Sardegna, ritenuta una valida base strategica per la flotta rivoluzionaria; ciò anche in seguito al rifiuto di Vittorio Amedeo III di seguire la Francia in un'alleanza contro l'Austria. Lo spirito rivoluzionario portatore di istanze libertarie aveva il suo peso; come ce l'aveva l'errata convinzione che i sardi avrebbero accolto di buon grado l'arrivo dell'esercito rivoluzionario per sottrarsi all'oppressione piemontese. Con questa convinzione, i francesi dapprima sbarcarono a Sant'Antioco e a Carloforte (gennaio 1793) senza incontrare alcuna resistenza, poi, a febbraio gettarono le ancore nelle acque antistanti Cagliari e iniziarono il bombardamento della città, con l'obiettivo della sua liberazione. L'assedio proseguì per diversi giorni senza alcun risultato: la Città seppe resistere. Seguì lo sbarco delle truppe francesi nei pressi di Quartu e le cose si misero male per l'esercito rivoluzionario che venne ricacciato a mare dalle truppe miliziane (sarde). L'attacco alla Sardegna finì così con una precipitosa fuga dei francesi.

L'entusiasmo della corte sabauda per questa eroica e vittoriosa azione fu notevole: il re distribuì medaglie, titoli e onorificenze a tutti i piemontesi che ricoprivano i più alti incarichi (civili e militari) in Sardegna, ma ... dimenticò di conferire il pur minimo riconoscimento ai miliziani e ai loro comandanti. I sardi, i soli combattenti, non furono nemmeno menzionati nelle cerimonie per la vittoria. Gli Stamenti, che si erano autoconvocati per decidere quali misure adottare in attesa dell'arrivo dei francesi e che avevano organizzato la difesa di Cagliari, nelle loro riunioni dopo la vittoria continuarono a lamentarsi per l'atteggiamento del governo di Torino. Questo esaltante episodio di vittoria rinfocolò i sopiti sentimenti nazionalistici, che sfociarono in una serie di richieste e rivendicazioni avanzate nei confronti della corte torinese alla fine di aprile. Il documento inviato al re, conteneva cinque richieste (*Le cinque domande*): *la regolare convocazione degli Stamenti, il conferimento delle cariche statali ai sardi, il rispetto delle leggi fondamentali dell'antico regno di Sardegna, l'istituzione di un ministero per la Sardegna e infine il trasferimento a Cagliari di una sezione del consiglio di Stato.* I sei delegati che si recarono a Torino per presentare al re *Le cinque domande*, si trattennero nella capitale per circa un anno, in attesa di poter conferire con il re che per tutto quel tempo fu impegnato nelle operazioni militari. La risposta negativa non venne comunque consegnata ai delegati sardi, ma fatta recapitare direttamente al viceré. Il malcontento a Cagliari e in tutta la Sardegna era talmente palpabile che il viceré, temendo un'insurrezione, fece arrestare due noti personaggi di Cagliari (Cabras e Pintor) con l'accusa di complotto. Il *30 aprile del 1794* tutti i piemontesi residenti a Cagliari, compreso il viceré, vennero cacciati a furor di popolo e fatti imbarcare su una nave diretta a Genova. La sommossa divenne una vera e propria ribellione, che si diffuse rapidamente in tutta l'Isola, con l'obiettivo di abbattere il sistema feudale. Il capo del movimento d'insurrezione popolare fu Giovanni Maria Angioy. Intanto a Sassari gli aristocratici, per contrastare i moti antifeudali, proclamarono la loro fedeltà al re e chiesero di separare la zona settentrionale dell'Isola (il Capo di Sopra) da Cagliari. Questo fatto alimentò nuovi disordini che indussero il viceré (Vivalda) d'accordo con la proposta degli Stamenti, a inviare l'Angioy a Sassari per trovare una soluzione e sedare i disordini sempre più gravi. Durante il viaggio dell'Angioy (Alter nos) le popolazioni dei paesi attraversati andarono ad ingrossare il drappello partito da Cagliari, tanto da formare un vero esercito di oltre duemila cavalieri che fecero un ingresso trionfale a Sassari. Sembrava giunto il momento, per G.M. Angioy, di prendere in mano le redini del movimento antifeudale che pareva ormai inarrestabile e dopo qualche mese, a capo del suo esercito improvvisato, riprese la strada del ritorno con l'obiettivo di conquistare Cagliari. Le cose non andarono affatto bene per questo patriota e rivoluzionario: il suo esercito venne disperso nei pressi di Oristano e Giovanni Maria Angioy dovette fuggire dall'Isola, trovando asilo in Francia. Il viceré Vivalda, volendo aprire un processo contro i più stretti collaboratori di G.M. Angioy, emise una ordinanza (pregone) che prometteva ricompense a coloro che avessero collaborato per la cattura dei rivoltosi. Quasi tutti i Comuni ribelli nei confronti dei feudatari, si affrettarono a invocare il perdono regio, tranne Bono (paese natale di Angioy) che si rifiutò di collaborare con l'esercito per la cattura dei sostenitori angioini. I cittadini di Bono si rifugiarono nei boschi della montagna circostante, mentre le truppe saccheggiarono le abitazioni del paese. La notte del saccheggio finì con una colossale sbornia collettiva dei soldati che furono poi messi in fuga dagli abitanti rientrati a difendere le loro misere abitazioni.

Per evitare i problemi seguiti alla Rivoluzione francese e gli stravolgimenti, le alterazioni e i profondi cambiamenti governativi e dinastici del periodo napoleonico, la corte di Torino dimorò a Cagliari. Fu una fuga, vera e propria, mascherata da esilio volontario, che ebbe inizio nel 1799 pochi mesi prima che Napoleone annettesse i territori continentali "italiani", sotto il dominio dei Savoia, alla Francia. Il regno di Sardegna territorialmente si ritrovò ridotto al solo possesso dell'Isola, che accolse l'intera corte di Torino. Durante il regno di Carlo Felice (1821-1831) e, ancor di più, sotto quello di Carlo Alberto (1831-1849), la Sardegna venne interessata a una serie di riforme che modificarono strutturalmente l'intera società sarda. I provvedimenti risalenti al secolo precedente, dettati dall'urgenza delle situazioni, ebbero invece il solo risultato di scalfire solo superficialmente le precedenti istituzioni ancora in vigore.

Riforme e fine del Regno di Sardegna

L'editto del 6 ottobre 1820 *"Sopra le chiudende"*,

raccoglieva le proposte già avanzate nei decenni precedenti che indicavano nell'istituzione della proprietà privata l'unica via da percorrere per condurre l'agricoltura sarda sulla strada della modernità. Soltanto il sostegno deciso e sistematico a favore della proprietà perfetta avrebbe incentivato e responsabilizzato le nuove figure dei proprietari, convincendoli dell'opportunità d'investire nell'ammodernamento delle colture, dando così inizio a un sistema agricolo in linea con il resto dell'Europa. L'editto prevedeva che ogni proprietario avesse la facoltà di recintare i suoi terreni, ancorché gravati da servitù di pascolo. Analoga facoltà era accordata anche ai Comuni per le terre possedute: potevano dividerle e assegnarle alle famiglie residenti o venderle.

Regio editto sopra le chiudende, sopra i terreni comuni e della Corona, e sopra i tabacchi, nel Regno di Sardegna emanato il 6 ottobre 1820 dal Re di Sardegna Vittorio Emanuele I e pubblicato nel 1823; eccolo in sintesi.

Qualunque proprietario potrà liberamente chiudere con siepe o muro i suoi terreni non soggetti a servitù di pascolo o passaggio o abbeveratoio. I terreni soggetti a tali servitù potranno essere chiusi solo in seguito all'autorizzazione rilasciata dal Prefetto. Qualunque Comune potrà esercitare, sopra i terreni che gli spettano in proprietà, gli stessi diritti riconosciuti a ogni proprietario Il Comune potrà non esercitare il suo diritto di chiusura e, in sua vece, deliberare il progetto di ripartire i propri terreni in pari porzioni fra i capifamiglia oppure venderli oppure concederli in affitto. Trascorso 1 anno dalla pubblicazione della presente legge, in assenza di deliberazioni del Comune circa la destinazione dei terreni di sua proprietà, il loro riparto potrà essere richiesto da almeno tre capifamiglia direttamente al Prefetto. I terreni propri della Corona, quelli derelitti o abbandonati, potranno essere venduti o ceduti gratuitamente o dati in affitto o assegnati con modalità conformi alle norme stabilite per il riparto delle terre comunali. Nei terreni chiusi sarà libera qualunque coltivazione, compresa quella del tabacco. I problemi sorsero dalla mancanza di finanziamenti diretti ad agevolare le costose opere di recinzione (nella maggior parte dei casi si trattava di edificare muretti a secco), da cui ne derivò che solo i ricchi proprietari riuscirono a recintare i loro terreni. A ciò va aggiunta l'insufficiente informativa sull'editto anche a causa dell'analfabetismo che colpiva la quasi totalità delle popolazioni rurali. Molti furono gli abusi compiuti e l'effetto conseguito dall'editto andò in tutt'altra direzione rispetto a quello previsto: il frazionamento e l'assegnazione delle terre fra una più vasta base di proprietari non si verificò; al contrario, si ingrandirono i vasti possedimenti con il conseguente e sproporzionato aumento degli affitti per i terreni destinati al pascolo. Le reazioni alla chiusura dei terreni utilizzati per il pascolo fu violenta e sfociò in numerose incursioni dei pastori dirette alla distruzione dei muretti a secco e a vere e proprie azioni di guerriglia, con numerose vittime, in seguito ai torti subiti e alle inevitabili e spesso feroci vendette che seguirono. Le antiche consuetudini che per secoli avevano consentito i pascoli liberi nelle terre comunitarie, costituivano il più valido dei motivi nella ferma e, in numerosi casi, violenta opposizione alle nuove norme, che infatti tardarono decenni ad essere applicate nella loro interezza. Ai moti di protesta seguirono l'abbattimento delle recinzioni, incendi e numerosi omicidi soprattutto nelle zone interne dove le terre comuni destinate al pascolo erano particolarmente estese. Fu necessario, e non già per la difesa dei diritti secolari dei pastori, l'intervento di speciali reparti dell'esercito che con estrema durezza contribuirono al ristabilimento dell'ordine, che significò spesso il consolidamento degli abusi perpetrati ai danni della popolazione più derelitta. Questa assoluta mancanza di tutela non poteva che alimentare una sorta di idealizzazione del banditismo le cui fila, infatti, non fecero che crescere ulteriormente.

Nel *1839*, regnando Carlo Alberto, venne promulgata la legge che stabiliva l'*abolizione dell'ordinamento feudale*, e che si concretizzò in corposi indennizzi a favore dei vecchi titolari dei diritti feudali. Nella maggioranza dei casi i feudatari spuntarono dei prezzi considerevolmente superiori all'effettivo valore delle terre. Furono le comunità interessate al riscatto che si dovettero accollare il pagamento delle indennità ai vecchi *padroni.* Gli indennizzi costrinsero i comuni a ricorrere a un pesante indebitamento che si risolse in un aggravio dei tributi a carico dei residenti. Attorno alla metà del secolo la borghesia isolana si fece promotrice di un forte movimento di opinione che sfociò politicamente nella pressione diretta ad estendere alla Sardegna le leggi e gli ordinamenti in vigore nei territori di terraferma del Regno. Per beneficiare dei provvedimenti che vennero presi dal governo di Carlo Alberto, occorreva rinunciare all'autonomia di cui godeva la Sardegna e chiedere la fusione perfetta con lo stato sabaudo. Nel novembre del *1847* venne inoltrata al re Carlo Alberto la richiesta della rinuncia della popolazione sarda (in effetti ben orchestrata e avanzata dai ceti borghesi di Cagliari) agli antichi privilegi e nel dicembre dello stesso anno venne proclamata la fusione della Sardegna nel Regno, che così divenne uno Stato unitario. "Sua Maestà, deferendo alle calde istanze delle Deputazioni, degli Stamenti e di varie Città del Regno, si degnò di esternare con tutta la tenerezza del suo paterno cuore come intende operare la fusione degli interessi di questa Isola con quei delle altre parti dei suoi Stati di Terraferma e formare una sola famiglia di tutti i suoi amati sudditi con perfetta parità di trattamento..." Di conseguenza vennero abolite le ultime due istituzioni che rappresentavano la particolare situazione di semi-autonomia (negli ultimi tempi solamente di "facciata") dell'Isola: il Parlamento sardo e la carica di Viceré. In seguito alla *fusione perfetta* la Sardegna verrà equiparata, almeno dal punto di vista dell'ordinamento giuridico, ai rimanenti possedimenti continentali dei Savoia. Il Regno di Sardegna resterà ancora in vita nominalmente sino al 1861 quando verrà incorporato nel nuovo Regno d'Italia, con Vittorio

Emanuele II sovrano della nuova entità statale.

La Sardegna dovrà attendere circa un secolo per ottenere l'autonomia legislativa e di governo – limitatamente ad alcune materie - con una Legge costituzionale approvata dal Parlamento della Repubblica italiana (L.C. 26 febbraio 1948 N. 3 – Statuto speciale per la Sardegna).

Tomba dei Giganti di San Cosimo (Gonnosfanadiga) nota anche come Sa Grutta de Santu Giuanne. Costruzione megalitica risalente al XVI secolo a.C. il cui corpo tombale supera i 23 metri, collocandola tra i monumenti sepolcrali più estesi della Sardegna. Gli scavi effettuati nei primi anni ottanta del secolo scorso – diretti dal prof. Ugas – hanno restituito materiali risalenti all'età del Bronzo Medio (XV – XIV). Tra essi una collana di perline di pasta vitrea di produzione micenea e cocci di vasi e ciotole, attualmente esposti nel museo archeologico di Sardara.

Le *tombe dei giganti* (oltre 400 esemplari) sono concentrate nella fascia centrale – prevalentemente montuosa – della Sardegna che risulta essere anche la zona a più alta concentrazione dei nuraghi. A conferma di questa coesistenza di monumenti megalitici si può notare che il Campidano risulta poco interessato da questo tipo di sepoltura collettiva, mentre il territorio di Ozieri e di Sassari - zone entrambe ricche di nuraghi – ne ospitano diverse decine di esemplari.

GONI – Pranu Mutteddu.

Complesso Archeologico (area sepolcrale) prenuragico ove sono presenti oltre cinquanta menhir (perdas longas) e alcune tombe ipogeiche (domus de janas).

A Pranu Mutteddu (che si estende su un'area di circa tre ettari) sono presenti spazi che accoglievano riunioni di capi tribù, funzioni religiose e probabilmente feste e mercati. Si può ammirare la più numerosa (una sessantina) concentrazione di menhir di tutta la Sardegna; tombe di varia tipologia (ipogeiche, di tipo misto e megalitiche):

Tra tutte le sepolture si distingue la tomba II: "Si tratta di una complessa costruzione, pressoché circolare – diametro di 11 metri – in muratura, costituita da tre anelli concentrici digradanti, eretti a formare una specie di tumulo. La parte centrale basale di questo è costituita da un grosso blocco finemente lavorato alla martellina e avente forma di un parallelepipedo trapezoidale irregolare (lungo metri 2,20 x 1,80 x 1,60 di probabile altezza originaria) in questo blocco furono scavate due celle di forma quadrilatera, riunite da un'altra cella, ora rovinata, costruita in muratura": tratto da Ercole Contu - La Sardegna preistorica e nuragica vol. II – Carlo Delfino Editore 2006.

Il complesso religioso funerario di Pranu Mutteddu è stato collocato nell'ambito della Cultura Ozieri – San Michele.

ORROLI - *Nuraghe Arrubiu.* Si tratta del complesso megalitico più grande della Sardegna. Si compone di un antemurale arricchito da ben sette torri cui si deve aggiungere un ulteriore antemurale – nel lato meridionale - con cinque torri. La torre centrale supera i quindici metri di altezza e si pensa che all'origine superasse i 25 m.; l'edificio principale è circondato da un imponente bastione con cinque torri (nuraghe pentalobato). Nella torre centrale è ancora esistente la cupola alta circa 10 metri e con un diametro di circa 5 metri. Vi sono tracce di alcune capanne – sempre ascrivibili all'epoca nuragica – nella parte orientale dell'area, che ha una superficie di oltre mezzo ettaro. Nello strato inferiore della torre centrale sono venuti alla luce alcuni frammenti di un vaso di fattura micenea databile attorno al 1300 a.C.

BARUMINI – Su Nuraxi (proclamato Patrimonio dell'Umanità dall'UNESCO nel 1997). Gli scavi diretti dal Professor Lilliu nella prima metà degli anni '50 del secolo scorso, riportarono alla luce il complesso archeologico situato su una collinetta posta a circa un chilometro dal paese di Barumini.

Costruito nel secondo millennio a.C., si compone di una massiccia torre centrale che in origine superava i 18 metri, che venne successivamente inglobata in una struttura muraria che congiungeva ulteriori - e più ridotte - quattro torri. Nel tempo vennero edificate delle mura che trasformarono il complesso residenziale in un villaggio fortificato

Torralba – Nuraghe di Santu Antine.

Il nuraghe sorge nella cosiddetta Valle dei nuraghi ed è uno degli insediamenti meglio conservati dell'epoca nuragica. Noto anche Sa Domu de su Re (Reggia) in quanto, data la sua dimensione, faceva pensare al castello di un di un potente capo tribù. La sua costruzione risale al IX – VIII secolo a. C. ed è costituita da un un nuraghe di tipo trilobato (tre torri); la torre centrale   è alta poco più di 17 metri e probabilmente in origine superava abbondantemente i 20 metri.

A Santa Vittoria di Serri si può ammirare una importante testimonianza archeologica dell'epoca nuragica.

Il Santuario (che occupa un'area di circa tre ettari) risale al II millennio a. C. ed era con molta probabilità il più importante centro religioso dl popolo nuragico.

Il sito sorge ai margini sud occidentali della Giara e nel passato costituiva centro sia religioso sia politico per i numerosi e importanti insediamenti nuragici del Sarcidano, della Marmilla, della Trexenta e delle altre aree della Sardegna Centrale.

Al suo interno sono visibili i resti di ampi spazi che accoglievano riunioni di capi tribù e dove venivano celebrate - con molta probabilità - funzioni religiose e dove si perfezionavano gli scambi e il commercio dei prodotti sia agricoli che artigianali. A riprova di ciò gli scavi archeologici hanno restituito un grande numero di reperti e una eccezionale quantità di bronzetti probabilmente depositati quali ex voto nell'area del tempio ipetrale. Tra i più famosi di tali bronzetti ricordiamo alcuni esemplari di capo tribù, madre con figlio, offerente con gruccia, alcuni arcieri, diversi animali e attezzi di lavoro agricolo. A ridosso del tempio ipetrale (tempio senza copertura) si trova il pozzo sacro (XII-X secolo a. C.) al cui fondo – sovrastato da copertura a tholos – si accede per mezzo di una scala con gradini in basalto.

I Giganti di Mont'e Prama. Le statue di guerrieri scolpite su blocchi di arenaria in un periodo attorno al VII secolo a.C. vennero alla luce per caso dopo due millenni e mezzo dalla loro collocazione in un'area adibita a necropoli nell'entroterra di Tharros.

Qualunque sia la conclusione degli storici sui *guerrieri,* dobbiamo rilevare che   si è trattato comunque di una ben orchestrata campagna di comunicazione turistico-archeologica, dal momento che se ne è parlato diffusamente e sono state allestite diverse mostre in una dozzina di capitali europee. Prossimamente, queste statue funerarie (?) verranno ospitate anche da importanti musei statunitensi e asiatici.

Stele di Nora

Blocco di arenaria ritrovata sul finire del XVIII secolo nei pressi della chiesetta di sant'Efisio a Nora (Pula) e attualmente custodita nel Museo archeologico nazionale di Cagliari. La maggioranza degli studiosi ritiene che si tratti di una epigrafe fenicia e che in essa si menzioni la

Sardegna (SRDN): il problema della interpretazione di questa iscrizione si trascina ormai da 250 anni. All'epoca della sua iscrizione collocata attorno al IX secolo a. C. – data a cui si è pervenuti con meticolosi studi epigrafici - si fa risalire anche la fondazione della città; resta comunque il dubbio se il ritrovamento di una stele sia sufficiente per suffragare l'ipotesi che nel medesimo periodo della sua iscrizione sia avvenuta anche la fondazione di Nora. Si potrebbe insomma attribuire la stele di Nora alla decisione di alcuni naviganti fenici di lasciare una sorta di targa o monumento epigrafico per segnalare il loro passaggio.

Area archeologica di Nora

Fenici, Punici e Romani si sono avvicendati nell'insediamento a pochi chilometri dal comune di Pula. Restano – sebbene non numerose – anche tracce di una frequentazione nuragica del sito. Gli scavi archeologici effettuati nell'area hanno attribuito uno stabile insediamento urbano a non prima del VII secolo a. C., negando, in conseguenza di ciò, a Nora il primato della più antica città fenicia della Sardegna e assegnandolo alla città di Sulci (Sant'Antioco). La necropoli fenicia è situata nell'area successivamente occupata dalle tombe ipogeiche puniche; l'acropoli era situata sulla punta di Coltellazzo dove ora si trova la torre spagnola (edificata sul finire del 1500).

L'attività principale della città di Nora – il commercio – favorì lo sviluppo del centro fenicio e la ricchezza dei suoi abitanti. Tale posizione d'importante centro marittimo e commerciale non venne meno nei successivi tre secoli di presenza cartaginese, durante i quali la città fu oggetto di importanti modifiche del suo assetto urbanistico, Tra di esse va ricordato lo spianamento del vecchio quartiere fenicio cui seguirono ampliamenti e ristrutturazioni. Anche il sistema difensivo venne rafforzato e ampliato dai nuovi dominatori punici i quali, tra l'altro, introdussero i loro rituali di sepoltura sostituendo la cremazione con l'inumazione delle salme; vennero di conseguenza destinati nuovi e più ampi spazi ove poter scavare le tombe ipogeiche nelle nuove necropoli.

Durante l'intero periodo della dominazione romana, la città di Nora continuò a prosperare , soprattutto grazie ai traffici commerciali con il nord Africa, tanto che per un lungo periodo rivaleggiò con la stessa Karali. Sembra accertato che l'apice della sua ricchezza e importanza strategica si spinse sino al II secolo d. C. . Solamente durante il secolo della dominazione vandalica e ancor più con l'intensificarsi delle scorrerie saracene, Nora subì una crisi irreversibile cui seguì il completo abbandono della città.

Città fenicia, punica e infine romana, la splendida **Tharros** ci ha lasciato numerose testimonianze delle diverse popolazioni che ivi si sono stabilite contribuendo a fare di questa località una ricca e importante città-stato, emporio di intensi traffici al centro del Mediterraneo occidentale. Non mancano evidenti reperti archeologici di frequentazioni nuragiche (Su Murru Mannu) poi cessate con l'arrivo dei fenici. La città venne abbandonata definitivamente (dopo almeno 1500 anni di vita) agli inizi dell'XI secolo d.C. quando le incursioni saracene divennero sempre più frequenti.

Sulla piccola penisola del Sinis, posta all'estremità settentrionale dell'ampio golfo di Oristano, i Fenici decisero di porre le basi per quella che diventerà una delle più famose e ricche città-stato sorte in Sardegna.

131

La morfologia del territorio (una penisola che dava riparo alle navi qualunque fosse la direzione dei venti, un approdo facilitato dal profilo costiero basso, un entroterra per lunghi tratti privo di rilievi montuosi e facilmente accessibile), aveva tutte le caratteristiche idonee per la fondazione di uno stabile insediamento marittimo e commerciale. Ed ciò che le popolazioni fenicie cercavano per ampliare la loro organizzata rete di approdi lungo le rotte commerciali.

Regolarmente, come già nei casi di Karali, Nora, Sulci, Bithia, Othoca, anche nei pressi in cui sorse Tharros esisteva un remoto insediamento di popolazioni nuragiche che all'arrivo9 dei popoli provenienti dal Vicino Oriente si ritirarono (indubbiamente in cambio di reciproci vantaggi), forse anche intimoriti dalla ricchezza, dall'organizzazione commerciale e militare dei nuovi arrivati. L'insediamento urbano di Tharros sembrerebbe completato, almeno nei suoi tratti principali, entro la fine del VII secolo a. C., periodo cui risale la prima fase della colonizzazione avvenuta a distanza di alcune generazioni successive alla prima fase esplorativa e di insediamento pionieristico, e a spese del preesistente villaggio nuragico. Il notevole repertorio di ceramiche, statuine, monili d'oro e d'argento, i famosi scarabei e altro ancora che sono visibili in diversi musei provengono dagli scavi effettuati a partire dalla seconda metà del 1800 e non sempre effettuati in maniera rigorosa e scientifica.

SANT'ANTIOCO - Tophet dell'antica città fenicio
punica di Sulky.
I più antichi reperti rinvenuti nell'area oggi occupata
dalla cittadina di Sant'Antioco, nell'isola omonima,
risalirebbero al periodo contrassegnato dalla Cultura di
Ozieri (o San Michele) che ebbe un'ampia diffusione in
tutta la Sardegna. Evidentemente, sin dalla fine del IV
millennio a. C. i minerali della zona del Sulcis
Iglesiente costituivano un forte richiamo. La fondazione
di Sulci fenicia, documentata dalle numerose ceramiche
rinvenute nell'area dell'attuale abitato di Sant'Antioco
(zona Ospizio) e dalle testimonianze del tophet, porta
alla conclusione che già nell'VIII secolo la località

fosse avviata a un notevole sviluppo. Per avere un'idea dell'importanza di Sulci, del suo ruolo e del suo peso economico durante il periodo fenicio e successivamente durante la dominazione punica, è sufficiente segnalare che la necropoli di *Is Pirixeddus* è una delle più importanti per estensione e ritrovamenti di corredi funebri, dell'intera area mediterranea.

135

Cagliari - Anfiteatro romano - Necropoli punica di Tuvixeddu

Karali, grazie alla sua posizione al centro del vastissimo golfo, con un immediato entroterra ricco di lagune pescosissime, con il suo accessibile e immediato sbocco verso l'estesa pianura del Campidano, aveva tutte le caratteristiche per diventare uno scalo marittimo ideale per l'insediamento di una colonia fenicia. E ciò avvenne, con l'antico porto forse esistente nell'area compresa tra le attuali piazza Matteotti e piazza del Carmine, mentre l'acropoli era dislocata sul colle di Castello e la necropoli nel colle di Tuvixeddu. Attorno alla metà dl VI secolo a. C. i Cartaginesi si sostituirono ai Fenici nel dominio della Sardegna, o perlomeno nella maggior parte della sua estesa fascia costiera. Per Karali iniziò un periodo di rapida crescita che ebbe il suo massimo sviluppo attorno alla metà del IV secolo. L'archeologia ci aiuta ad avere un'idea del grande sviluppo che la città registrò sotto la guida dei Cartaginesi: resti di un tempio punico rinvenuti nel largo Carlo Felice, una necropoli sul colle di Bonaria, ma soprattutto è sufficiente prendere in esame la necropoli di Tuvixeddu che si estende su un'area di oltre dieci ettari. L'utilizzo di questa area cimiteriale si prolungò per alcuni secoli dopo la dominazione punica spingendosi almeno sino al I secolo d. C.

Carbonia – Monte Sirai

Sito civile e poi militare fenicio e punico. Il sito ha conservato tracce di un remoto insediamento prenuragico. AI piedi della collina sono in corso gli scavi relativi a un nuraghe quadrilobato con evidenti segni di successiva fortificazione ad opera dei fenici

Fluminimaggiore - Antas.

Il tempio venne scavato e studiato nell'ultimo quarto del secolo scorso. La direzione degli scavi venne affidata al Prof. Ferruccio Barreca – Soprintendente alle antichità della provincia di Cagliari – con la collaborazione dell'Università di Roma (Prof. Sabatino Moscati). L'edificazione risale al periodo punico e venne dedicato al dio eponimo Sardus Pater (Babay). Durante l'occupazione romana (attorno al 210-215 d.C.) venne avviata l'opera di ricostruzione del tempio

139

in onore dell'imperatore Caracalla. Gli scavi più recenti (2004) hanno permesso la ricostruzione delle fasi dell'insediamento nuragico nei pressi dell'area dove sorge il tempio.

San Giovanni di Sinis (Cabras).
Nei pressi di Tharros sorge questa splendida chiesetta paleocristiana su un'area anticamente occupata da una necropoli punica. L'edificio fu edificato durante la dominazione bizantina (VI secolo d.C.) e rappresenta, con la basilica di San Saturnino di Cagliari, uno dei più importanti e antichi complessi paleocristiani della Sardegna.

Cagliari – Torri pisane

Le fotografie sono di Marco Concas e di Libero Concas

La foto in copertina è di Marco Concas

Copyright 2023

Bbliografia essenziale

Fernand Braudel - Il Mediterraneo - trad. di Elena De Angeli – Ed. Bompiani 1992
Fernand Braudel - Memorie del Mediterraneo - trad. di Enrica Zaira Merlo - Ed. Bompiani 2010
Franco Cagnetta – Banditi a Orgosolo – Guaraldi editore 1975 – Riedizione Ilisso – Nuoro – 2002
Salvatore Cambosu – Miele amaro – Vallecchi 1954 – riedizione Ilisso – Nuoro 2004
Raimondo Carta Raspi – Storia della Sardegna – Mursia 1974
Luca e Francesco Cavalli-Sforza - Chi siamo. La storia della diversità umana - Ed. Mondadori 2009
Eric Cline – 1177 a.C. Il collasso della civiltà – Bollati Boringhieri 2014 traduz. di Cristina Spinoglio
Ercole Contu - La Sardegna Preistorica e nuragica - Carlo Delfino Editore - Sassari - 2008

Francesco Floris - Storia della Sardegna – Newton & Compton editori Roma - 2004

Franco Fresi – La Sardegna dei sortilegi – Newton & Compton – Roma – 2004

D.H. Lawrence – Sea and Sardinia – Thomas Seltzer Inc. – New York – 1921

Maurice Le Lannou – Pastori e contadini di Sardegna – trad. di Manlio Brigaglia – Ed. Della Torre – Cagliari – quarta ediz. 2006

Giovanni Lilliu- La civiltà dei sardi - Il Maestrale - 2004

Giovanni Lilliu - Sardegna nuragica - Il Maestrale - Nuoro - 2006

Salvatore Loi (a cura di) - Inquisizione, magia e stregoneria in Sardegna - AM&D Cagliari 2003

Sabatino Moscati - Fenici e cartaginesi in Sardegna Ilisso edizioni - Nuoro - 2005

Sabatino Moscati - Italia punica - Ed. Bompiani 2000

Massimo Pallottino - La Sardegna nuragica – Ilisso edizioni - Nuoro - 2000

Pausanias – Complete Works – Delphi Classics 2014

Gennaro Pesce - La Sardegna punica - Ilisso edizioni - Nuoro - 2000

Antonio Pigliaru – Il banditismo in Sardegna – Casa Ed. Giuffré – Milano – 1993

Giovanni Ricci – Sardegna Criminale – Newton Compton Editori srl – Roma 2011

James C. Scott - Le origini della civiltà - trad. di Maddalena Ferrara - Einaudi 2018

Storia d'Italia - La Sardegna Medioevale e moderna - Day - Anatra – Scaraffia – Utet Torino 1984

Storia d'Italia - La Sardegna - a cura di L. Berlinguer A. Mattone - Giulio Einaudi Editore - Torino - 1998

Storia della Sardegna - M. Brigaglia - G. Tanda – A. Mastino – L. Galoppini - A. Mattone - P. Sanna - G. Fois - G. Melis - Ediz. Della Torre - Cagliari - 2004

T.C.I. – Sardegna – ed. 2005 - Ilario Principe – Manlio Brigaglia - Giulio Angioni – Giovanni Lilliu - Antonello Mattone

Max Leopoldo Wagner - La lingua Sarda - a cura di G.Paulis – Ilisso 2007

AA.VV – Il museo archeologico nazionale di Cagliari – 1989 – Capitoli sulla civiltà fenicia e punica (Giovanni Tore-Enrico Acquaro-Piero Bartoloni)

AA.VV – Corpora delle antichità della Sardegna – La Sardegna fenicia e punica a cura di Michele Guirguis - Reg.Aut.Sardegna e Ilisso 2017

AA.VV. - Corpora delle Antichità della Sardegna – La Sardegna nuragica – a cura di Alberto Moravetti – Elisabetta Alba – Lavinia Foddai – RegAut.Sardegna e Ed. Carlo Delfino 2014.

liberoconcas@gmail.com
puntiniletterari.blogspot.com